"一带一路"营商环境法治保障系列

赵旭东 总主编

李建伟 朱晓娟 吴高臣 副总主编

中国工程承包法律制度

刘亚天 主编 翟慧萍 副主编

中国民主法制出版社

图书在版编目（CIP）数据

中国工程承包法律制度/刘亚天主编．—北京：中国民主法制出版社，2019.8

（“一带一路”营商环境法治保障系列）

ISBN 978-7-5162-2061-0

Ⅰ.①中… Ⅱ.①刘… Ⅲ.①承包工程—法律—中国 Ⅳ.①D922.297

中国版本图书馆 CIP 数据核字（2019）第 184332 号

图书出品人：刘海涛

出 版 统 筹：乔先彪

责 任 编 辑：逯卫光

书名/中国工程承包法律制度

ZHONGGUOGONGCHENGCHENGBAOFALÜZHIDU

作者/刘亚天　主　编

　　　翟慧萍　副主编

出版·发行/中国民主法制出版社

地址/北京市丰台区右安门外玉林里 7 号（100069）

电话/（010）63055259（总编室）　63057714（发行部）

传真/（010）63056975　63056983

http：// www.npcpub.com

E-mail：mzfz@npcpub.com

经销/新华书店

开本/16 开　787 毫米×960 毫米

印张/12.75　**字数/**186 千字

版本/2019 年 8 月第 1 版　2019 年 8 月第 1 次印刷

印刷/北京天宇万达印刷有限公司

书号/ISBN 978-7-5162-2061-0

定价/42.00 元

◉总序

习近平总书记在2013年提出建设“丝绸之路经济带”和“21世纪海上丝绸之路”的构想，五年多来，在各参与方的共同努力下，“一带一路”倡议从理念转化为行动，从愿景转变为现实，构建起了各自优势互补、彼此互联互通的国际合作平台。

党的十九大报告指出，要以“一带一路”建设为重点，坚持“引进来”和“走出去”并重，加强创新能力开放合作，形成陆海内外联动、东西双向互济的开放格局。同时，党的十九大通过修改的党章明确指出：遵循共商共建共享原则，推进“一带一路”建设。推进“一带一路”建设写入党章，必将为新时代共建“一带一路”，共建人类命运共同体进一步指明方向，注入强劲动力。

随着我国“一带一路”建设的深入推进，营造互信互通的法治营商环境，为投资贸易合作方提供全面周到的法律支持，切实维护中外当事人的合法权益便提上了日程。因此，为了增进“一带一路”建设沿线各国的彼此沟通，积极建立成员方统一认知和公正高效的司法保障体系，切实保障“一带一路”建设成果的不断扩大，我们推出了《“一带一路”营商环境法治保障系列》图书。

本系列图书构建了"一带一路"法治保障服务体系，主要介绍了投资贸易、产业合作、公正司法、纠纷解决、劳工保护等领域的法律制度，从而以保护中外当事人合法权益，维护公平竞争、诚实守信、和谐共赢的区域合作大环境。本系列图书体例科学，通俗易懂，旨在加强中国与"一带一路"沿线国家的"政策沟通"和"法治互信"，通过向国际社会展示我国法律制度的建设成就，以此提升我国法律的国际影响力。

《"一带一路"营商环境法治保障系列》图书作为"一带一路"建设的法治保障参考适用读物，旨在为沿线各国加强法律制度的交流互鉴，旨在全面落实我国"一带一路"建设的任务要求，全面构建"一带一路"建设中的法治保障体系，以便全球共享"一带一路"的建设成果。

赵旭东*
2019年8月

* 赵旭东，中国法学会商法学研究会会长，中国政法大学教授。

目　录

第一章

工程承包与招标投标概述

第一节　工程承包概述

【规则要点】

工程承发包也称为工程招标承包制，是承发包通过招标、投标程序建立工程发包人与承包人之间发包与承包的关系。招标是发包人的活动，投标是承包人的活动。

在中国，按照不同的标准划分，有不同的工程承包方式。如按工程承包范围划分的承包方式，可分为建设全过程承包、阶段承包、专项承包和“建造—经营—转让”承包；按承包者所处地位划分，可分为总承包、分承包、独立承包、联合承包、直接承包等；按承包单位获得任务的不同途径，可分为投标竞争、委托承包以及获得承包任务的其他途径；按合同类型和计价方法划分，则有固定总价合同、按量计价合同、单价合同等方式。

工程发包人和承包人都应当具备中国法律要求的资质。国际工程承包与国内工程承包的区别主要有：（1）适用法律不同；（2）是否设置标底不同；（3）政府在非政府投资项目中的作用不同。

【理解与适用】

一、工程承包的内容

工程承发包也称为工程招标承包制，主体为发包人和承包人。承发包通过招标、投标程序建立工程发包人与承包人之间发包与承包的关系。招标是发包人的活动，投标是承包人的活动。

工程承发包是一种商业交易行为，主体为发包人和承包人。承包人负责为发包人完成某项工作、供应某些货物或者提供某项服务，并按照一定的价格取得一定报酬的一种交易。

工程承发包也称为工程招标承包制，工程承发包通过招标、投标程序建立工程发包人与承包人之间发包与承包的关系。招标是发包人的活动，投标是承包人的活动。

因此，工程承包是工程建设项目的发包人通过招标的程序和方式吸引承包人竞争，并从中择优选择承包人，来完成工程建设项目任务的法律行为。

根据《中华人民共和国招标投标法》第3条的规定，工程建设项目包括项目的勘察、设计、施工、监理以及与工程建设有关的重要设备、材料等的采购，必须进行招标。所谓工程建设项目是指工程建设以及与工程建设有关的货物、服务。招标的工程建设项目是指建筑工程，包括建筑物和构筑物的新建、改建、扩建及其相关的装修、拆除、修缮等。与工程建设有关的货物是指构成工程不可分割的组成部分，且为实现工程基本功能所必需的设备、材料等。与工程建设有关的服务是指为完成工程所需的勘察、设计、监理等服务。

二、工程承包的方式

在中国，按照不同的标准划分，有不同的工程承包方式。

按工程承包范围划分的承包方式，主要有建设全过程承包、阶段承包、专项承包和“建造—经营—转让”承包；按承包者所处地位划分，主要分为总承包、分承包、独立承包、联合承包、直接承包等；按承包单位获得任务的不同途径，主要分为投标竞争、委托承包以及获得承包任务的其他途径；按合同类型和计价方法划分，则有固定总价合同、按量计价合同、单价合同等方式。

工程承包方式是工程发包人与承包人二者之间工程承包的形式。按照不同的标准划分，有不同的工程承包方式。

（一）按承包范围划分

按工程承包范围划分的承包方式，主要有建设全过程承包、阶段承包、专项承包和“建造—经营—转让”承包。

建设全过程承包也叫“统包”，或“一揽子承包”，即通常所说的“交钥匙”。

阶段承包的内容是建设过程中某一阶段或某些阶段的工作。在施工阶段，还可依承包内容的不同，细分为包工包料、包工部分包料、包工不包料三种方式。

专项承包的内容是某一建设阶段中的某一专门项目，由于专业性较强，多由有关的专业承包单位承包，故称专业承包。

“建造—经营—转让”承包，即建造—经营—转让英文（build-operate-transfer）的缩写。使用这种承包方式的项目一般是大型公共工程和基础设施，如隧道、港口、高速公路、电厂等。

（二）按承包者所处地位划分

在工程承包中，一个项目上往往有多个承包人。这种情况下，承包方式有以下几种。

一是总承包。

工程总承包，是指从事工程总承包的单位按照与建设单位签订的合同，对工程项目的设计、采购、施工等实行全过程或者若干阶段承包，并对工程的质量、安全、工期和造价等全面负责。

二是分承包。

分承包简称分包，是相对总承包而言的。国际上通行的分包方式主要有两种：一种是由建设单位指定分包单位，与总包单位签订分包合同；另一种是由总包单位自行选择分包单位签订分包合同。

三是独立承包。

独立承包是指承包单位依靠自身的力量完成承包任务，而不实行分包的承包方式。通常仅适用于规模较小、技术要求比较简单的工程以及修缮工程。

四是联合承包。

联合承包是相对于独立承包而言的承包方式，即由两个以上承包单位组成联合体承包一项工程任务，由参加联合的各单位推定代表统一与建设单位签订合同，共同对建设单位负责，并协调它们之间的关系。

五是直接承包。

直接承包就是在同一工程项目上，不同的承包单位分别与建设单位签订承包合同，各自直接对建设单位负责。各承包商之间不存在总分包关系，现场上的协调工作可由建设单位自己去做，或委托一个承包商牵头去做，也可聘请专门的项目经理来管理。

（三）按获得承包任务的途径划分

根据承包单位获得任务的不同途径，中国目前的承包方式可划分为三种。

一是投标竞争。

通过投标竞争，优胜者获得工程任务，与建设单位签订承包合同。这是国际上通行的获得承包任务的主要方式。

二是委托承包。

委托承包是指不须经过投标竞争，而由建设单位与承包单位协商，签订委托其承包某项工程任务的合同。

三是获得承包任务的其他途径。

对于不适宜进行招标的项目，可以视不同情况，由政府主管部门以行政命令指派适当的单位执行承包任务，或由主管部门授权项目主办单位或与适当的承包单位协商，将项目委托其承包。

（四）按合同类型和计价方法划分

工程项目的条件和承包内容的不同，往往要求不同类型的合同和包价计算方法。因此，在实践中，合同类型和计价方法就成为划分承包方式的重要依据。此种承包方式主要有固定总价合同、按量计价合同、单价合同等方式。

三、承包人与发包人的资质管理

工程发包人和承包人都应当具备中国法律要求的资质。承包建筑工程的单位应当持有依法取得的资质证书，并在其资质等级许可的业务范围内承揽工程。建筑业企业资质分为施工总承包资质、专业承包资质、施工劳务资质三个序列。

（一）工程发包人应具备的资质

工程项目的发包人是法人、依法成立的其他组织或公民个人，并有与发包项目相适应的技术和经济管理人员；自行招标的，应当具有编制招标文件组织开标、评标、决标的能力。不具有这些人员和能力的，必须委托具有相应资质的建筑监理或咨询单位代理。

（二）工程承包人应具备的资质

我国建筑法规定，承包建筑工程的单位应当持有依法取得的资质证书，并在其资质等级许可的业务范围内承揽工程。禁止建筑施工企业超越本企业资质等级许可的业务范围或者以任何形式用其他建筑施工企业的名义承揽工程。禁止建筑施工企业以任何形式允许其他单位或者个人使用本企业的资质证书、营业执照，以本企业的名义承揽工程。

从事建筑活动的建筑施工企业、勘察单位、设计单位和工程监理单位，应当具备下列条件：（1）符合国家规定的注册资本；（2）与其从事的建筑活动相适应的具有法定执业资格的专业技术人员；（3）有从事相关建筑活动所应有的技术装备；（4）法律、行政法规规定的其他条件。

从事建筑活动的建筑施工企业、勘察单位、设计单位和工程监理单位，按照其拥有的注册资本、专业技术人员、技术装备和已完成的建筑工程业绩等资质条件，划分为不同的资质等级，经资质审查合格，取得相应等级的资质证书后，方可在其资质等级许可的范围内从事建筑活动。

建筑业企业资质分为施工总承包资质、专业承包资质、施工劳务资质3个序列。

施工总承包序列设有12个类别，分别是：建筑工程施工总承包、公路工程施工总承包、铁路工程施工总承包、港口与航道工程施工总承包、水利水电工程施工总承包、电力工程施工总承包、矿山工程施工总承包、冶金工程施工总承包、石油化工工程施工总承包、市政公用工程施工总承包、通信工程施工总承包、机电工程施工总承包。

专业承包序列设有36个类别，分别是：地基基础工程专业承包、起重设备安装工程专业承包、预拌混凝土专业承包、电子与智能化工程专业承包、消防设施工程专业承包 、防水防腐保温工程专业承包、桥梁工程专业承包、隧道工程专业承包、钢结构工程专业承包、模板脚手架专业承包、建筑装修装饰工程专业承包、建筑机电安装工程专业承包、建筑幕墙工程专业承包、古建筑工程专业承包、城市及道路照明工程专业承包、公路路面工程专业承包、公路路基工程专业承包、公路交通工程专业承包、铁路电务工程专业承包、铁路铺轨架梁工程专业承包、铁路电气化工程专业承包、机场场道工程专业承包、民航空管工程及机场弱电系统工程专业承包、机场目视助航工程专业承包、港口与海岸工程专业承包、航道工程专业承包、通航建筑物工程专业承包、港航设备安装及水上交管工程专业承包、水工金属结构制作与安装工程专业承包、水利水电机电安装工程专业承包、河湖整治工程专业承包、输变电工程专业承包、核工程专业承包、海洋石油工程专业承包、环保工程专业承包、特种工程专业承包。

施工劳务企业资质标准不分类别和等级。

四、国际工程承包

国际工程承包是承包人在国际承包市场上通过投标、接受委托或其他途径承揽国际组织、外国政府或私人业主等发包人的工程建设项目、物资采购及其他方面的承包业务。国际工程承包与国内工程承包的区别主要有：（1）适用法律不同；（2）是否设置标底不同；（3）政府在非政府投资项目中的作用不同。

国际工程承包的主要业务有建筑项目的咨询、可行性研究、项目地址选择、勘测和动力的提供；工程施工、设备安装和调试；人员培训；项目建成后的生产组织和指导；专项物资采购和各类经营管理等活动。

国际工程承包是一种综合性的国际交易活动，具有交易内容和程序复杂、工程营建时间长、风险大、受政府的支持和影响大、承包涉及面广、履约具有连续性等特点。

采用招投标程序的国际工程，需要发包人通过国内和国际的新闻媒体发布招标信息，有兴趣的投标人参与投标竞争，通过评标比较确定中标人。在中国境内的工程建设项目，也有采用国际工程招投标方式的。一般有以下两种情况：一是使用中国自有资金的工程建设项目，但是希望工程项目达到目前国际的先进水平；二是由于工程项目建设的资金使用国际金融组织或外国政府贷款，必须遵循贷款协议中用国际工程招投标方式选择中标人的规定。

国际工程承包最终确定承包人后，则需要签订国际工程承包合同。

国际工程承包合同的主体一方或双方是外国人，其标的是特定的工程项目，如道路建设，油田、矿井的开发，水利设施建设等。合同内容是双方当事人依据有关国家的法律和国际惯例并依据特定的为世界各国所承认的国际工程招标投标程序，确立的为完成本项特定工程的双方当事人之间的权利义务。

国际工程承包与国内工程承包有较大区别。

其一，适用法律有区别。

国内工程承包，应当适用《中华人民共和国招标投标法》的有关规定，而国际工程承包，没有独立的招标和投标制度，只有政府采购方面的强制性规定。

其二，是否设置标底不同。

国内建设工程的招标投标一般都是设置标底的。国际建设工程招投标并没有实际意义上的标底。

其三，政府在非政府投资项目中的作用不同。

在非政府投资项目上，国内评标由招标人依法组建的评标委员会负责。而国际上，政府对非政府投资项目的招标是不进行干预的。

五、工程承包合同

工程承包合同是承包人依约定完成工程，发包人按约定验收工程并支付酬金的合同。中国工程承包通常采用招投标方式来确定承包人。招投标活动完成后，招标人和中标人应当依法签订书面合同。签订书面合同后，招标人和中标人不得再行订立背离合同实质性内容的其他协议。

（一）工程承包合同与招标投标的关系

中国工程承包通常采用招投标方式来确定承包人。投标人中标后，应当按照招标文件的要求和在投标文件中的承诺，与招标人签订合同，履行合同约定的义务，完成所中标的工程项目。据此签订的合同即为工程承包合同。可见，工程承包合同就是承包人依约定完成工程，发包人按约定验收工程并支付酬金的合同。

根据《中华人民共和国招标投标法实施条例》第 57 条的规定，招标人和中标人应当依照招标投标法和本条例的规定签订书面合同，合同的标的、价款、质量、履行期限等主要条款应当与招标文件和中标人的投标文件的内容一致。招标人和中标人不得再行订立背离合同实质性内容的其他协议。

（二）工程承包合同的分类

工程承包合同按照不同的标准划分，可以有不同的分类。

以合同主体为标准，可以分为国内工程合同与国际工程合同。国内工程承包合同，是指合同双方都属于同一国的建设工程合同。

以承发包方式为标准，可以分为勘察设计或施工总承包合同、单位工程承包合同、工程项目总承包合同、BOT合同（特许权协议）。

以承包工程计价方式为标准，可以分为总价合同、单价合同、成本加酬金合同。单价合同又分为：估计工程量单价合同、纯单价合同、单价与包干混合合同等。

以工程建设阶段划分，可以分为工程勘察合同、工程设计合同、工程施工合同。

另外，与建设工程有关的其他合同一般有：建设工程委托监理合同、建设工程物资采购合同、建设工程保险合同、建设工程担保合同等。

（三）工程承包的禁止行为

中标人不得向他人转让中标项目，不得将中标项目肢解后分别向他人转让。中标人按照合同约定或者经招标人同意，可以将中标项目的部分非主体、非关键性工作分包给他人完成。接受分包的人应当具备相应的资格条件，并不得再次分包。

招标投标法规定，中标人将中标项目转让给他人的，将中标项目肢解后分别转让给他人的，违反规定将中标项目的部分主体、关键性工作分包给他人的，或者分包人再次分包的，转让、分包无效，处转让、分包项目金额5‰以上10‰以下的罚款；有违法所得的，并处没收违法所得；可以责令停业整顿；情节严重的，由工商行政管理机关（现为市场监督管理机关）吊销营业执照。

另外，建筑法规定：提倡对建筑工程实行总承包，禁止将建筑工程肢解发包。禁止建筑施工企业超越本企业资质等级许可的业务范围或者以任何形式用其他建筑施工企业的名义承揽工程。禁止承包单位将其承包的全部建筑工程转包给他人，禁止承包单位将其承包的全部建筑工程肢解以后以分包的名义分别转包给他人。禁止总承包单位将工程分包给不具备相应资质条件的单位。禁止分包单位将其承包的工程再分包。

【风险提示】

在工程承包中，中国法律禁止的行为有：将建筑工程肢解发包；建筑施工企业超越本企业资质等级许可的业务范围或者以任何形式用其他建筑施工企业的名义承揽工程；承包单位将其承包的全部建筑工程转包给他人；承包单位将其承包的全部建筑工程肢解以后以分包的名义分别转包给他人；总承包单位将工程分包给不具备相应资质条件的单位；分包单位将其承包的工程再分包等。

在中国，承包人在决定采用相应的承包方式时，应当注意不同的承包方式的条件和要求，以免导致违反中国法律而承担相应的法律责任。

承包人须持有依法取得的资质证书，并在资质等级许可的业务范围内承揽工程。不具备资质条件的单位不允许承包建设工程，也不得承接分包工程。并且，中国法律严禁个人承揽分包工程业务。

国际工程承包要求投标人员具有丰富的经验，并且熟悉国际工程施工和招标投标的规范和操作程序，只有这样，才能参与激烈的国际工程承包市场的竞争。

【相关案例】

案例1　某建筑公司违法分包案

某建筑公司将其承建的某房地产项目的劳务作业分包给不具有相应资质的个人张某，张某又将项目的部分楼宇分包给也不具有资质的刘某。本案中，不管是某建筑公司将劳务作业分包给张某，还是张某把部分作业分包给刘某，都属于违法分包。《建筑工程施工转包违法分包等违法行为认定查处管理办法（试行）》中规定，建筑业企业资质中，不管是施工总承包资质，还是专业承包资质，或者施工劳务资质，都是针对企业，个人是不可能申办建筑业企业资质的。

案例2　个人以法人名义签订的工程承包合同无效案

王某以A公司委托代理人的名义与B公司签订了《建设工程施工合同》。合同签订后，王某组织施工。王某作为A公司工程项目人员与B公司签订了目标责任书。施工期间，王某数次参加工地例会和由工程监理组织的会议。后因工程款纠纷，王某诉至法院，其中涉及双方之间合同效力问题。本案中，《建设工程施工合同》虽由A公司与B公司签订，实质为A公司向王某出借建设资质，在王某向A公司缴纳一定数额管理费后，由王某具体实施的工程。根据建设工程司法解释的规定，A公司与B公司签订《建设工程施工合同》违反了国家强制性法律规定，应认定无效。

【法条指引】

中华人民共和国招标投标法（节录）

第二条　在中华人民共和国境内进行招标投标活动，适用本法。

第三条第一款　在中华人民共和国境内进行下列工程建设项目包括项目的勘察、设计、施工、监理以及与工程建设有关的重要设备、材料等的采购，必须进行招标：

（一）大型基础设施、公用事业等关系社会公共利益、公众安全的项目；

（二）全部或者部分使用国有资金投资或者国家融资的项目；

（三）使用国际组织或者外国政府贷款、援助资金的项目。

中华人民共和国建筑法（节录）

第二十四条　提倡对建筑工程实行总承包，禁止将建筑工程肢解发包。

建筑工程的发包单位可以将建筑工程的勘察、设计、施工、设备采购一并发包给一个工程总承包单位，也可以将建筑工程勘察、设计、施工、设备采购的一项或者多项发包给一个工程总承包单位；但是，不得将应当由一个承包单位完成的建筑工程肢解成若干部分发包给几个承包单位。

第二十六条　承包建筑工程的单位应当持有依法取得的资质证书，并在其资质等级许可的业务范围内承揽工程。

禁止建筑施工企业超越本企业资质等级许可的业务范围或者以任何形式用其他建筑施工企业的名义承揽工程。禁止建筑施工企业以任何形式允许其他单位或者个人使用本企业的资质证书、营业执照，以本企业的名义承揽工程。

中华人民共和国招标投标法实施条例（节录）

第五十七条　招标人和中标人应当依照招标投标法和本条例的规定签订书面合同，合同的标的、价款、质量、履行期限等主要条款应当与招标文件和中标人的投标文件的内容一致。招标人和中标人不得再行订立背离合同实质性内容的其他协议。

招标人最迟应当在书面合同签订后 5 日内向中标人和未中标的投标人退还投标保证金及银行同期存款利息。

第二节　总承包、分包与共同承包

【规则要点】

总承包通常分为工程总承包和施工总承包两大类。总承包是国家鼓励和扶持的工程承包方式。

工程分包是总承包单位在与发包人签订某工程项目总承包合同之后，总承包单位将该工程项目的某一部分工程或某一单项工程分包给分包商完成而与其签订的承包合同。分包合同的当事人是总承包单位与分承包单位。

联合共同承包是由两个以上的单位共同组成非法人的联合体，以该联合体的名义承包某项建筑工程的承包形式。在联合承包形式中，由联合体作为承包主体与发包方签订承包合同，承担履行合同义务的全部责任。在联合体内部，则由参加联合体的各方以协议约定各自在联合承包中的权利和义务。

【理解与适用】

一、总承包

总承包通常分为工程总承包和施工总承包两大类。工程总承包和施工总承包最大的区别在于工程范围。中国提倡对建筑工程实行总承包，禁止将建筑工程肢解发包。

（一）总承包的分类

总承包是国家鼓励和扶持的工程承包方式。总承包通常分为工程总承包和施工总承包两大类。

工程总承包和施工总承包最大的区别在于工程范围。工程总承包是企业对工程项目的可行性研究、勘察、设计、采购、施工、试运行等进行全过程的承包。施工总承包，是指施工单位仅对施工任务（一般指土建部分）的承包。其他阶段的承包任务由建设单位发包给其他的承包单位负责。

中国提倡对建筑工程实行总承包，禁止将建筑工程肢解发包。2011年12月，国家发改委等九部委发布了《标准设计施工总承包招标文件》，为规范和推动中国工程承包提供了具体可行的操作准则。

（二）总承包招标

招标人可以依法对工程以及与工程建设有关的货物、服务全部或者部分实行总承包招标。以暂估价形式包括在总承包范围内的工程、货物、服务属于依法必须进行招标的项目范围且达到国家规定规模标准的，应当依法进行招标。所谓暂估价，是指总承包招标时不能确定价格而由招标人在招标文件中暂时估定的工程、货物、服务的金额。

（三）总承包的资质管理

中国对工程总承包不要求专门的资质。如果是进行工程勘察、设计或施工总承包，则具有相应资质的企业均可依法从事资质许可范围内相应等级的建设工程总承包业务。但是，承接施工总承包业务的，必须是取得施工总承包资质的企业。

中国建筑业企业资质分为施工总承包资质、专业承包资质和施工劳务资质。具有施工总承包资质的企业，可以承接施工总承包工程。施工总承包人可以将专业工程或劳务作业依法分包给具有相应资质的专业承包企业或劳务分包企业，也可以将所承接的施工总承包工程内各专业工程全部自行施工。

（四）总承包人的责任

我国建筑法规定，建筑工程总承包单位按照总承包合同的约定对建设单位负责。《建设工程质量管理条例》则进一步明确规定，建设工程实行总承包的，总承包单位应当对全部建设工程质量负责；建设工程勘察、设计、施工、设备采购的一项或者多项实行总承包的，总承包单位应当对其承包的建设工程或者采购的设备的质量负责。

二、工程分包

建筑工程总承包单位可以将承包工程中的部分工程发包给具有相应资质条件的分包单位；但是，除总承包合同中约定的分包外，必须经建设单位认可。施工总承包的，建筑工程主体结构的施工必须由总承包单位自行完成。禁止总承包单位将工程分包给不具备相应资质条件的单位。禁止分包单位将其承包的工程再分包。

建筑法规定，建筑工程总承包单位可以将承包工程中的部分工程发包给具有相应资质条件的分包单位；但是，除总承包合同中约定的分包外，必须经建设单位认可。施工总承包的，建筑工程主体结构的施工必须由总承包单位自行完成。建筑工程总承包单位按照总承包合同的约定对建设单位负责；分包单位按照分包合同的约定对总承包单位负责。总承包单位和分包单位就分包工程对建设单位承担连带责任。

由此规定可知，工程分包是总承包单位在与发包人签订某工程项目总承包合同之后，总承包单位将该工程项目的某一部分工程或某一单项工程分包给分包商完成而与其签订的承包合同。

分包合同的当事人是总承包单位与分承包单位。工程项目所涉及的权利义务关系，只能在总承包单位与分承包单位之间发生；发包人与分承包人之间不直接发生合同法律关系。但是，分承包人要间接地承担总承包人对发包人承担的相关工程项目的义务。

三、工程共同承包

联合共同承包是由两个以上的单位共同组成非法人的联合体，以该联合体的名义承包某项建筑工程的承包形式。在联合承包形式中，由参加联合的各承包单位共同组成的联合体作为一个单一的承包主体，与发包方签订承包合同，承担履行合同义务的全部责任。在联合体内部，则由参加联合体的各方以协议约定各自在联合承包中的权利、义务等。

建筑法规定，大型建筑工程或者结构复杂的建筑工程，可以由两个以上的承包单位联合共同承包。共同承包的各方对承包合同的履行承担连带责任。两个以上不同资质等级的单位实行联合共同承包的，应当按照资质等级低的单位的许可业务范围承揽工程。

由该规定可以看出，在联合承包形式中，由参加联合的各承包单位共同组成的联合体作为一个单一的承包主体，与发包方签订承包合同，承担履行合同义务的全部责任。在联合体内部，则由参加联合体的各方以协议约定各自在联合承包中的权利、义务。

联合共同承包形式适用于大中型建筑工程和结构复杂的建筑工程。大中型建筑工程和结构复杂的建筑工程，工程任务量大、技术要求复杂、建设周期较长，需要承包方有较强的经济、技术实力和抗风险的能力。由多家单位组成联合体共同承包，可以集中各方的经济、技术力量，发挥各自的优势，大大增强投标竞争的实力，对发包方来说，也有利于提高投资效益，保证工程建设质量。

在联合共同承包中，参加联合承包的各方应就承包合同的履行向发包方承担连带责任。发包方可要求参加联合承包的任何一方履行承包合同的全部义务，联合承包的各方不得拒绝。

联合承包是由两个以上的承包单位共同承包，当参加联合承包的具有相同专业的各单位资质等级不同时，为防止以联合共同承包为名而进行“资质挂靠”的不规范行为，联合体只能按资质等级较低的单位的许可业务范围承揽工程。

【风险提示】

建筑工程的发包单位可以将建筑工程的勘察、设计、施工、设备采购一并发包给一个工程总承包单位，也可以将建筑工程勘察、设计、施工、设备采购的一项或者多项发包给一个工程总承包单位；但是，不得将应当由一个承包单位完成的建筑工程肢解成若干部分发包给几个承包单位。

在联合共同承包中，参加联合承包的各方应就承包合同的履行向发包方承担连带责任。因此，发包方可要求参加联合承包的任何一方履行承包合同的全部义务，联合承包的各方不得拒绝。

承包单位将承包的工程转包的，或者违反法律有关规定进行分包的，会被没收违法所得，并处罚款，停业整顿，降低资质等级；情节严重的，吊销资质证书。承包单位有上述违法行为的，对因转包工程或者违法分包的工程不符合规定的质量标准造成的损失，与接受转包或者分包的单位承担连带赔偿责任。

【相关案例】

违法承包案

A 企业将某大型工程分包给某个具有维修和承建小型非生产性建筑工程资质证书的工程队，并订立了建筑工程承包合同。后到合同规定的竣工期限仍未能完工，并且部分工程质量不符合要求。为此，双方发生纠纷。本案中，某工程队的违法行为是超越资质等级许可的业务范围承揽工程。同时，A 企业将工程分包给不具有相应资质条件的承包单位，也构成了违法行为。

【法条指引】

中华人民共和国建筑法（节录）

第二十四条第一款 提倡对建筑工程实行总承包，禁止将建筑工程肢解发包。

第二十七条 大型建筑工程或者结构复杂的建筑工程，可以由两个以上的承包单位联合共同承包。共同承包的各方对承包合同的履行承担连带责任。

两个以上不同资质等级的单位实行联合共同承包的，应当按照资质等级低的单位的业务许可范围承揽工程。

第二十八条 禁止承包单位将其承包的全部建筑工程转包给他人，禁止承包单位将其承包的全部建筑工程肢解以后以分包的名义分别转包给他人。

第三节 转包与违法分包

【规则要点】

转包是指施工单位承包工程后，不履行合同约定的责任和义务，将其承包的全部工程肢解后以分包的名义分别转给其他单位或个人施工的行为。中国法律明令禁止承包人转包。

违法分包，是指施工单位承包工程后违反法律法规规定或者施工合同关于工程分包的约定，把单位工程或分部分项工程分包给其他单位或个人施工的行为。违法分包要承担相应法律责任。

劳务分包是施工承包单位或者专业分包单位将其承揽工程中的劳务作业发包给具有相应资质的劳务分包单位完成的活动。劳务分包是法律允许的行为。

挂靠，是指单位或个人以其他有资质的施工单位的名义，承揽工程的行为。中国法律禁止挂靠行为。

【理解与适用】

一、转包

建筑工程承包合同的订立是承发包双方的行为。承包方将承包工程转包给他人，擅自变更合同主体的行为，违背了发包方的意志，损害了发包方的利益，是法律所不允许的。禁止建筑工程的承包方将其承包的工程擅自转包，是国际上的通例。中国法律作出禁止转包的规定，既符合中国实际情况，也与国际通行做法相一致。

我国《建筑工程施工转包违法分包等违法行为认定查处管理办法（试行）》对转包作出了定义，即转包是指施工单位承包工程后，不履行合同约定的责任和义务，将其承包的全部工程或者将其承包的全部工程肢解后以分包的名义分别转给其他单位或个人施工的行为。

（一）中国禁止转包

建筑法等法律法规明令禁止承包人转包。建筑法第28条规定，禁止承包单位将其承包的全部建筑工程转包给他人。合同法第272条也规定，承包人不得将其承包的全部建设工程转包给第三人。

（二）转包的情形

存在下列情形之一的，属于转包。

1. 施工单位将其承包的全部工程转给其他单位或个人施工的；

2. 施工总承包单位或专业承包单位将其承包的全部工程肢解以后，以分包的名义分别转给其他单位或个人施工的；

3. 施工总承包单位或专业承包单位未在施工现场设立项目管理机构或未派驻项目负责人、技术负责人、质量管理负责人、安全管理负责人等主要管理人员，不履行管理义务，未对该工程的施工活动进行组织管理的；

4. 施工总承包单位或专业承包单位不履行管理义务，只向实际施工单位收取费用，主要建筑材料、构配件及工程设备的采购由其他单位或个人实施的；

5. 劳务分包单位承包的范围是施工总承包单位或专业承包单位承包的全部工程，劳务分包单位计取的是除上缴给施工总承包单位或专业承包单位“管理费”之外的全部工程价款的；

6. 施工总承包单位或专业承包单位通过采取合作、联营、个人承包等形式或名义，直接或变相地将其承包的全部工程转给其他单位或个人施工的；

7. 法律法规规定的其他违法转包行为。

二、违法分包

我国《建筑工程施工转包违法分包等违法行为认定查处管理办法（试行)》规定，违法分包，是指施工单位承包工程后违反法律法规规定或者施工合同关于工程分包的约定，把单位工程或分部分项工程分包给其他单位或个人施工的行为。

（一）中国禁止违法分包

建筑法第29条规定，建筑工程总承包单位可以将承包工程中的部分工程发包给具有相应资质条件的分包单位；但是，除总承包合同中约定的分包外，必须经建设单位认可。禁止总承包单位将工程分包给不具备相应资质条件的单位。禁止分包单位将其承包的工程再分包。

合同法第272条规定，发包人不得将应当由一个承包人完成的建设工程肢解成若干部分发包给几个承包人。总承包人或者勘察、设计、施工承包人经发包人同意，可以将自己承包的部分工作交由第三人完成。第三人就其完成的工作成果与总承包人或者勘察、设计、施工承包人向发包人承担连带责任。承包人不得将其承包的全部建设工程转包给第三人或者将其承包的全部建设工程肢解以后以分包的名义分别转包给第三人。禁止承包人将工程分包给不具备相应资质条件的单位。禁止分包单位将其承包的工程再分包。建设工程主体结构的施工必须由承包人自行完成。

由上述法律规定可以看出，在中国，施工总承包的，建筑工程主体结构的施工必须由总承包单位自行完成。合法分包的范围只能是建筑工程主体结构以外的专业工程或者劳务作业。

（二）违法分包的情形

存在下列情形之一的，属于违法分包。

1. 施工单位将工程分包给个人的；

2. 施工单位将工程分包给不具备相应资质或安全生产许可的单位的；

3. 施工合同中没有约定，又未经建设单位认可，施工单位将其承包的部分工程交由其他单位施工的；

4. 施工总承包单位将房屋建筑工程的主体结构的施工分包给其他单位的，钢结构工程除外；

5. 专业分包单位将其承包的专业工程中非劳务作业部分再分包的；

6. 劳务分包单位将其承包的劳务再分包的；

7. 劳务分包单位除计取劳务作业费用外，还计取主要建筑材料款、周转材料款和大中型施工机械设备费用的；

8. 法律法规规定的其他违法分包行为。

三、劳务分包

劳务分包是施工承包单位或者专业分包单位将其承揽工程中的劳务作业发包给具有相应资质的劳务分包单位完成的活动。劳务分包是法律允许的行为。

劳务分包虽然是“分包”，但却既不是转包、也不同于上述意义上的分包，是法律允许的行为。劳务分包是指将建设工程中的劳务部分转由有劳务分包资质的企业完成。根据建设部《建筑业劳务分包企业资质标准》规定，劳务分包作业包括木工、砌筑、抹灰、石制作、油漆、钢筋、混凝土、脚手架、模板、焊接、水暖电安装、钣金以及架线 13 种作业。具备相应资质等级的承包人可以承接施工总承包企业或专业承包企业的劳务作业。

但是，具有下列情形的劳务分包是违法的。

1. 劳务分包单位承包的范围是施工总承包单位或专业承包单位承包的全部工程，劳务分包单位计取的是除上缴给施工总承包单位或专业承包单位“管理费”之外的全部工程价款。这种情形名为劳务分包，实则为转包。

2. 劳务分包单位将其承包的劳务再分包的，这种情形为违法分包。

3. 劳务分包单位除计取劳务作业费用外，还计取主要建筑材料款、周转材料款和大中型施工机械设备费用的。这种情形也属于违法分包。

四、转包、违法分包的法律责任

中国法律严厉禁止转包，任何转包行为都是违法的。分包在法律允许的范围内是合法的，违法分包同样受到法律的禁止。

建筑法第 67 条规定：“承包单位将承包的工程转包的，或者违反本法规定进行分包的，责令改正，没收违法所得，并处罚款，可以责令停业整顿，降低资质等级；情节严重的，吊销资质证书。承包单位有前款规定的违法行为的，对因转包工程或者违法分包的工程不符合规定的质量标准造成的损失，与接受转包或者分包的单位承担连带赔偿责任。”

《建筑工程施工转包违法分包等违法行为认定查处管理办法（试行）》则进一步明确规定，县级以上人民政府住房城乡建设主管部门要加大执法力度，对在实施建筑市场和施工现场监督管理等工作中发现的违法发包、转包、违法分包及挂靠等违法行为，应当依法进行调查，按照本办法进行认定，并依法予以行政处罚：

1. 对建设单位将工程发包给不具有相应资质等级的施工单位的，依据建筑法第 65 条和《建设工程质量管理条例》第 54 条规定，责令其改正，处 50 万元以上 100 万元以下罚款。对建设单位将建设工程肢解发包的，依据建筑法第65条和《建设工程质量管理条例》第55条规定，责令其改正，处工程合同价款0.5%以上1%以下的罚款；对全部或者部分使用国有资金的项目，并可以暂停项目执行或者暂停资金拨付。

2. 对认定有转包、违法分包违法行为的施工单位，依据建筑法第67条和《建设工程质量管理条例》第62条规定，责令其改正，没收违法所得，并处工程合同价款0.5%以上1%以下的罚款；可以责令停业整顿，降低资质等级；情节严重的，吊销资质证书。

3. 对认定有挂靠行为的施工单位或个人，依据建筑法第65条和《建设工程质量管理条例》第60条规定，对超越本单位资质等级承揽工程的施工单位，责令停止违法行为，并处工程合同价款2%以上4%以下的罚款；可以责令停业整顿，降低资质等级；情节严重的，吊销资质证书；有违法所得的，予以没收。对未取得资质证书承揽工程的单位和个人，予以取缔，并处工程合同价款2%以上4%以下的罚款；有违法所得的，予以没收。对其他借用资质承揽工程的施工单位，按照超越本单位资质等级承揽工程予以处罚。

4. 对认定有转让、出借资质证书或者以其他方式允许他人以本单位的名义承揽工程的施工单位，依据建筑法第66条和《建设工程质量管理条例》第61条规定，责令改正，没收违法所得，并处工程合同价款2%以上4%以下的罚款；可以责令停业整顿，降低资质等级；情节严重的，吊销资质证书。

5. 对建设单位、施工单位给予单位罚款处罚的，依据《建设工程质量管理条例》第73条规定，对单位直接负责的主管人员和其他直接责任人员处单位罚款数额5%以上10%以下的罚款。

6. 对注册执业人员未执行法律法规的，依据《建设工程安全生产管理条例》第58条规定，责令其停止执业3个月以上1年以下；情节严重的，吊销执业资格证书，5年内不予注册；造成重大安全事故的，终身不予注册；构成犯罪的，依照刑法有关规定追究刑事责任。对注册执业人员违反法律法规规定，因过错造成质量事故的，依据《建设工程质量管理条例》第72条规定，责令停止执业1年；造成重大质量事故的，吊销执业资格证书，5年内不予注册；情节特别恶劣的，终身不予注册。

县级以上人民政府住房城乡建设主管部门应将查处的违法发包、转包、违法分包、挂靠等违法行为和处罚结果记入单位或个人信用档案，同时向社会公示，并逐级上报至住房城乡建设部，在全国建筑市场监管与诚信信息发布平台公示。

五、挂靠

挂靠，是指单位或个人以其他有资质的施工单位的名义，承揽工程的行为。中国法律禁止挂靠行为。

根据《建筑工程施工转包违法分包等违法行为认定查处管理办法（试行)》的规定，挂靠是指单位或个人以其他有资质的施工单位的名义，承揽工程的行为。此处所称承揽工程，包括参与投标、订立合同、办理有关施工手续、从事施工等活动。

有下列情形之一的，属于挂靠。

1. 没有资质的单位或个人借用其他施工单位的资质承揽工程的；

2. 有资质的施工单位相互借用资质承揽工程的，包括资质等级低的借用资质等级高的，资质等级高的借用资质等级低的，相同资质等级相互借用的；

3. 专业分包的发包单位不是该工程的施工总承包或专业承包单位的，但建设单位依约作为发包单位的除外；

4. 劳务分包的发包单位不是该工程的施工总承包、专业承包单位或专业分包单位的；

5. 施工单位在施工现场派驻的项目负责人、技术负责人、质量管理负责人、安全管理负责人中一人以上与施工单位没有订立劳动合同，或没有建立劳动工资或社会养老保险关系的；

6. 实际施工总承包单位或专业承包单位与建设单位之间没有工程款收付关系，或者工程款支付凭证上载明的单位与施工合同中载明的承包单位不一致，又不能进行合理解释并提供材料证明的；

7. 合同约定由施工总承包单位或专业承包单位负责采购或租赁的主要建筑材料、构配件及工程设备或租赁的施工机械设备，由其他单位或个人采购、租赁，或者施工单位不能提供有关采购、租赁合同及发票等证明，又不能进行合理解释并提供材料证明的；

8. 法律法规规定的其他违法挂靠行为。

中国法律禁止挂靠行为。建筑法第 26 条规定，承包建筑工程的单位应当持有依法取得的资质证书，并在其资质等级许可的业务范围内承揽工程。禁止建筑施工企业超越本企业资质等级许可的业务范围或者以任何形式用其他建筑施工企业的名义承揽工程。禁止建筑施工企业以任何形式允许其他单位或者个人使用本企业的资质证书、营业执照，以本企业的名义承揽工程。

【风险提示】

实践中，有些承包商则利用法律允许分包的规定，将其承包的全部工程分解成若干部分，再将各部分以分包的名义分别转包给他人，自己只是为了从这种名为分包实为转包的行为中获利，而并不承担履行承包合同义务的责任。因此，法律禁止承包单位将其承包的全部工程肢解后以分包的名义分别转包给他人。

分包时，应当注意：（1）总承包单位只能将部分工程分包给具有相应资质条件的单位。（2）分包的工程必须是总承包合同约定可以分包的工程，合同中没有约定的，须经建设单位认可。（3）实行施工总承包的，建筑工程的主体结构必须由总承包单位自行完成，不得分包。

在劳务分包中，分包商仅提供劳务。劳务分包纯粹属于劳动力的使用，其他一切施工技术、物质等均完全由总包单位进行负责。劳务分包的发包人和承包人对工程劳务作业部分向总承包人及建设单位承担连带责任。

【相关案例】

案例1　史某挂靠Y公司案

Y公司承包某工程后，史某在无相关工程建设的资质，与Y公司也无劳动合同关系的情形下，与Y公司签订内部承包责任书，约定其独立核算、自负盈亏并须按期缴纳管理费等，而Y公司除了出借资质并收取管理费之外，对工程建设不进行任何监督管理。史某的行为是借用Y公司的资质、公章、财务凭证等方式承揽了建设工程。因此，Y公司与史某之间为挂靠关系。

案例2　A公司违法承包、转包案

A公司中标了某工程，但该公司拿到工程后，由于施工力量不足，就将该工程全部转交给了具有该工程施工资质的B公司。双方还签订了《工程施工合同》。合同签订后，B公司组织实施并完成了该工程施工任务。建设单位在组织竣工验收时，发现有部分工程质量不符合规定的质量标准，便要求A公司负责返工、修理，并赔偿因此造成的损失。但A公司以该工程已交由B公司施工为由，拒不承担任何的赔偿责任。本案中A公司有严重违法的转包行为。A公司不仅应对该工程的质量问题依法承担连带赔偿责任，还应当接受相应的行政处罚。

案例3　F公司违法转包案

F公司在某工程项目中标后，与S公司签订《建设工程施工合同》。之后，F公司又与王某、李某就该工程签订《项目工程内部承包责任书》，由该二人负责工程项目的建设。很显然，本案中，《项目工程内部承包责任书》性质为转包合同。由于王某、李某不具有建筑施工企业资质，作为转包合同的《项目工程内部承包责任书》无效。

【法条指引】

中华人民共和国建筑法（节录）

第二十六条　承包建筑工程的单位应当持有依法取得的资质证书，并在其资质等级许可的业务范围内承揽工程。

禁止建筑施工企业超越本企业资质等级许可的业务范围或者以任何形式用其他建筑施工企业的名义承揽工程。禁止建筑施工企业以任何形式允许其他单位或者个人使用本企业的资质证书、营业执照，以本企业的名义承揽工程。

第二十八条　禁止承包单位将其承包的全部建筑工程转包给他人，禁止承包单位将其承包的全部工程肢解以后以分包的名义分别转包给他人。

第二十九条第一款　建筑工程总承包单位可以将承包工程中的部分工程发包给具有相应资质条件的分包单位；但是，除总承包合同中约定的分包外，必须经建设单位认可。施工总承包的，建筑工程主体结构的施工必须由总承包单位自行完成。

第六十七条 承包单位将承包的工程转包的，或者违反本法规定进行分包的，责令改正，没收违法所得，并处罚款，可以责令停业整顿，降低资质等级；情节严重的，吊销资质证书。

承包单位有前款规定的违法行为的，对因转包工程或者违法分包的工程不符合规定的质量标准造成的损失，与接受转包或者分包的单位承担连带赔偿责任。

建设工程质量管理条例（节录）

第二十七条 总承包单位依法将建设工程分包给其他单位的，分包单位应当按照分包合同的约定对其分包工程的质量向总承包单位负责，总承包单位与分包单位对分包工程的质量承担连带责任。

第四节 招标投标概述

【规则要点】

中国招标投标法律体系由有关法律、法规、规章及规范性文件构成。招标投标的基本原则主要有：公开原则、公平原则、公正原则及诚实信用原则。

招标投标活动涉及的范围主要有：工程建设项目、物资采购领域、竞争性服务领域三个方面。在中国，招标投标法将必须招标的范围着重于“工程建设项目”。

招标人可以依法对工程以及与工程建设有关的货物、服务全部或者部分实行总承包招标。对技术复杂或者无法精确拟定技术规格的项目，招标人可以分两阶段进行招标。一个完整的招标投标程序，必须包括招标、投标、开标、评标、中标环节。

中国有关行政监督部门有权对招标投标活动依法实施监督，依法查处招标投标活动中的违法行为。

【理解与适用】

一、招标投标的主要法律文件

中国招标投标法律体系由有关法律、法规、规章及规范性文件构成。其中主要包括：法律、法规（包括行政法规和地方性法规）、规章（包括国务院部门规章和地方政府规章）以及行政规范性文件。

在中华人民共和国，工程发包与承包时通常采用招标投标的竞争交易方式。在中华人民共和国境内进行招标投标活动，应当适用《中华人民共和国招标投标法》《中华人民共和国招标投标法实施条例》等法律法规。

2000 年 1 月 1 日，《中华人民共和国招标投标法》正式实施。2011 年 11 月 30 日，国务院第 183 次常务会议通过了《中华人民共和国招标投标法实施条例》。2017 年 12 月 27 日第十二届全国人大常委会第三十一次会议对《中华人民共和国招标投标法》进行了修正完善；2017 年 3 月 1 日、2018 年 3 月 19 日、2019 年 3 月 2 日国务院对《中华人民共和国招标投标法实施条例》进行了修订。

《中华人民共和国招标投标法》及其实施条例明确了招标投标程序、招标人和投标人应遵循的规则以及违反法律法规应承担的法律责任等。

目前，在中国，除《中华人民共和国招标投标法》《中华人民共和国招标投标法实施条例》外，有关招标投标工作的重要法律法规还有《中华人民共和国政府采购法》《中华人民共和国建筑法》。此外，还有一些规章及规范性文件，如：《招标公告发布暂行办法》《工程建设项目自行招标试行办法》《评标委员会和评标方法暂行规定》《国家重大建设项目招标投标监督暂行办法》等。可见，中国的招标投标法律体系是由法律、法规、规章及规范性文件构成。

二、招标投标的基本原则

招标投标的基本原则主要有：公开原则、公平原则、公正原则及诚实信用原则。

招标投标是市场经济下的一种市场交易行为，最早起源于英国，如今为很多国家采用立法推行。这种交易方式一般应用在货物、工程和服务的采购行为中，招标人通过招标公告或投标邀请书等形式，招请众多的投标人按照同等条件进行平等竞争，按照规定程序并组织技术、经济和法律等方面专家对众多的投标人进行综合评审，从中择优选定项目的中标人。

在中国进行招标投标活动，应当遵循以下基本原则。

(一) 公开原则

公开原则要求招标投标活动必须保证充分的透明度，招标投标信息要公开，保证每个投标人能够获得相同信息，公平参与投标竞争并依法维护自身的合法权益。同时招标投标活动的公开透明，也为当事人、行政和社会监督提供了条件。

(二) 公平原则

公平原则，即要求招标人在招标投标环节中给予投标人平等竞争的机会，并使其享有同等的权利和义务。公平原则主要体现在两个方面：一方面，机会均等，即潜在投标人具有均等的投标竞争机会；另一方面，招标人和所有投标人之间权利义务均衡并合理承担民事责任。《中华人民共和国招标投标法实施条例》就明确规定，招标人不得以不合理条件限制、排斥潜在投标人或者投标人。

(三) 公正原则

公正原则，即要求招标人必须依法设定科学、合理和统一的程序、方法和标准，并严格据此接受和客观评审投标文件，真正择优确定中标人，不倾向、不歧视、不排斥，保证各投标人的合法平等权益。

(四) 诚实信用原则

诚实信用原则，即要求招标投标各方当事人在招标投标活动和履行合同中应当以守法、诚实、守信、善意的意识和态度行使权利和履行义务，不得故意隐瞒真相或者弄虚作假，不得串标、围标和恶意竞争，不能言而无信甚至背信弃义，在追求自己合法利益的同时不得损害他人的合法利益和社会利益，依法维护双方利益以及与社会利益的平衡。

招标投标活动的公开原则，要求进行招标活动的信息要公开。采用公开招标方式，应当发布招标公告，依法必须进行招标项目的招标公告，必须通过国家指定的报刊、信息网络或者其他公共媒介发布。招标投标活动的公平原则，要求招标人严格按照规定的条件和程序办事，招标人不得以任何方式限制或者排斥本地区、本系统以外的法人或者其他组织参加投标。在招标投标活动中招标人行为应当公正，对所有的投标竞争者都应平等对待。

三、对招标投标活动的监督

在中国，招标投标活动及其当事人应当接受依法实施的监督。有关行政监督部门依法对招标投标活动实施监督，依法查处招标投标活动中的违法行为。

《中华人民共和国招标投标法》第 7 条规定，招标投标活动及其当事人应当接受依法实施的监督。有关行政监督部门依法对招标投标活动实施监督，依法查处招标投标活动中的违法行为。对招标投标活动的行政监督及有关部门的具体职权划分，由国务院规定。

《中华人民共和国招标投标法实施条例》第 4 条进一步规定：国务院发展改革部门指导和协调全国招标投标工作，对国家重大建设项目的工程招标投标活动实施监督检查。国务院工业和信息化、住房城乡建设、交通运输、铁道、水利、商务等部门，按照规定的职责分工对有关招标投标活动实施监督。

县级以上地方人民政府发展改革部门指导和协调本行政区域的招标投标工作。县级以上地方人民政府有关部门按照规定的职责分工，对招标投标活动实施监督，依法查处招标投标活动中的违法行为。县级以上地方人民政府对其所属部门有关招标投标活动的监督职责分工另有规定的，从其规定。

财政部门依法对实行招标投标的政府采购工程建设项目的预算执行情况和政府采购政策执行情况实施监督。

监察机关依法对与招标投标活动有关的监察对象实施监察。

可见，中国招标投标的指导和协调部门为国家发展改革部门和地方人民政府发展改革部门。

四、招标投标范围

招标投标活动涉及的范围主要有：工程建设项目、物资采购领域、竞争性服务领域三个方面。在中国，招标投标法将必须招标的范围着重于

“工程建设项目”。

根据招标投标法及《必须招标的工程项目规定》（国家发展和改革委员会第16号令，2018年6月1日起施行），分为必须进行招标投标的项目和可以不进行招标投标的项目两大类。

（一）必须进行招标投标的工程范围

在中华人民共和国境内进行下列工程建设项目包括项目的勘察、设计、施工、监理以及与工程建设有关的重要设备、材料等的采购，必须进行招标。

1. 大型基础设施、公用事业等关系社会公共利益、公众安全的项目。

2. 全部或者部分使用国有资金投资或者国家融资的项目。

根据《必须招标的工程项目规定》第2条的规定，全部或者部分使用国有资金投资或者国家融资的项目包括：

（1）使用预算资金200万元人民币以上，并且该资金占投资额10%以上的项目；

（2）使用国有企业事业单位资金，并且该资金占控股或者主导地位的项目。

3. 使用国际组织或者外国政府贷款、援助资金的项目。

根据《必须招标的工程项目规定》第2条的规定，使用国际组织或者外国政府贷款、援助资金的项目包括：

（1）使用世界银行、亚洲开发银行等国际组织贷款、援助资金的项目；

（2）使用外国政府及其机构贷款、援助资金的项目。

4. 不属于全部或者部分使用国有资金投资或者国家融资的项目以及使用国际组织或者外国政府贷款、援助资金的项目情形的大型基础设施、公用事业等关系社会公共利益、公众安全的项目，必须招标的具体范围由国务院发展改革部门会同国务院有关部门按照确有必要、严格限定的原则制定，报国务院批准。

5. 对于上述第2项目至第4项目，其勘察、设计、施工、监理以及与工程建设有关的重要设备、材料等的采购达到下列标准之一的，必须招标：

（1）施工单项合同估算价在400万元人民币以上；

（2）重要设备、材料等货物的采购，单项合同估算价在 200 万元人民币以上；

（3）勘察、设计、监理等服务的采购，单项合同估算价在 100 万元人民币以上。

另外，如果同一项目中可以合并进行的勘察、设计、施工、监理以及与工程建设有关的重要设备、材料等的采购，合同估算价合计达到上述规定标准的，必须招标。

（二）可以不进行招标投标的工程范围

《中华人民共和国招标投标法》第 66 条规定："涉及国家安全、国家秘密、抢险救灾或者属于利用扶贫资金实行以工代赈、需要使用农民工等特殊情况，不适宜招标的项目，按照国家有关规定可以不进行招标。"

根据《中华人民共和国招标投标法实施条例》第 9 条的规定，除招标投标法第 66 条规定的可以不进行招标的特殊情况外，有下列情形之一的，可以不进行招标：

1. 需要采用不可替代的专利或者专有技术；

2. 采购人依法能够自行建设、生产或者提供；

3. 已通过招标方式选定的特许经营项目投资人依法能够自行建设、生产或者提供；

4. 需要向原中标人采购工程、货物或者服务，否则将影响施工或者功能配套要求；

5. 国家规定的其他特殊情形。

另外，根据《工程建设项目勘察设计招标投标办法》第 4 条的规定，按照国家规定需要履行项目审批、核准手续的依法必须进行招标的项目，有下列情形之一的，经项目审批、核准部门审批、核准，项目的勘察设计可以不进行招标：

1. 涉及国家安全、国家秘密、抢险救灾或者属于利用扶贫资金实行以工代赈、需要使用农民工等特殊情况，不适宜进行招标；

2. 主要工艺、技术采用不可替代的专利或者专有技术，或者其建筑艺术造型有特殊要求；

3. 采购人依法能够自行勘察、设计；

4. 已通过招标方式选定的特许经营项目投资人依法能够自行勘察、设计；

5. 技术复杂或专业性强，能够满足条件的勘察设计单位少于三家，不能形成有效竞争；

6. 已建成项目需要改、扩建或者技术改造，由其他单位进行设计影响项目功能配套性；

7. 国家规定其他特殊情形。

五、总承包招标和阶段招标

招标人可以依法对工程以及与工程建设有关的货物、服务全部或者部分实行总承包招标。对技术复杂或者无法精确拟定技术规格的项目，招标人可以分两阶段进行招标。

总承包招标是招标人依法对工程以及与工程建设有关的货物、服务全部或者部分实行总承包招标。以暂估价形式包括在总承包范围内的工程、货物、服务属于依法必须进行招标的项目范围且达到国家规定规模标准的，应当依法进行招标。暂估价，是指总承包招标时不能确定价格而由招标人在招标文件中暂时估定的工程、货物、服务的金额。

对技术复杂或者无法精确拟定技术规格的项目，招标人可以分两阶段进行招标：第一阶段，投标人按照招标公告或者投标邀请书的要求提交不带报价的技术建议，招标人根据投标人提交的技术建议确定技术标准和要求，编制招标文件。第二阶段，招标人向在第一阶段提交技术建议的投标人提供招标文件，投标人按照招标文件的要求提交包括最终技术方案和投标报价的投标文件。

《工程建设项目施工招标投标办法》第27条对阶段招标作出了相应规定，即施工招标项目需要划分标段、确定工期的，招标人应当合理划分标段、确定工期，并在招标文件中载明。对工程技术上紧密相连、不可分割的单位工程不得分割标段。招标人不得以不合理的标段或工期限制或者排斥潜在投标人或者投标人。依法必须进行施工招标项目的招标人不得利用划分标段规避招标。

六、招标投标的交易场所

在中国，设区的市级以上地方人民政府可以根据实际需要建立统一规范的招标投标交易场所，开展招标投标活动的场所有工程交易中心、公共资源交易中心等，这些都被称为“招标投标交易场所”。招标投标交易场所应立足于为招投标活动提供服务，招标投标交易场所不得与行政监督部门存在隶属关系，招标投标交易场所不得以营利为目的。

《中华人民共和国招标投标法实施条例》第5条规定，设区的市级以上地方人民政府可以根据实际需要，建立统一规范的招标投标交易场所，为招标投标活动提供服务。招标投标交易场所不得与行政监督部门存在隶属关系，不得以营利为目的。国家鼓励利用信息网络进行电子招标投标。为了规范电子招标投标活动，促进电子招标投标健康发展，国家发展改革委、工业和信息化部等部委联合制定了《电子招标投标办法》，该办法自2013年5月1日起施行。在中国境内进行电子招标投标活动，适用该办法。

七、招标投标程序

招标投标活动最突出的特点是招标投标活动具有严格规范的程序。按照招标投标法规定，一个完整的招标投标程序，必须包括招标、投标、开标、评标、中标环节。

招标是招标人按照国家有关规定履行项目审批手续、落实资金来源后，依法发布招标公告或投标邀请书，编制并发售招标文件等具体环节。另外，根据项目特点和实际需要，招标项目可能需要委托招标代理机构，组织资格预审、组织现场踏勘、进行招标文件的澄清与修改等。

投标是投标人根据招标文件的要求，编制并提交投标文件，响应招标的活动。投标人参与竞争并进行一次性投标报价是在投标环节完成的，在投标截止时间结束后，不能接受新的投标，投标人也不得更改投标报价及其他实质性内容。因此，投标情况确定了竞争格局，是决定投标人能否中标、招标人能否取得预期效果的关键。

开标是招标人按照招标文件确定的时间和地点，邀请所有投标人到场，当众开启投标人提交的投标文件，宣布投标人的名称、投标报价及投标文件中的其他重要内容。开标的最基本要求和特点是公开，保障所有投标人的知情权。

评标是招标人依法组建评标委员会，依据招标文件的规定和要求，对投标文件进行审查、评审和比较，确定中标候选人。评标是审查确定中标人的必经程序。由于依法必须招标项目的中标人必须按照评标委员会的推荐名单和顺序确定，因此，评标是否合法、规范、公平、公正，对于招标结果具有决定性作用。

中标，也称为定标，即招标人从评标委员会推荐的中标候选人中确定中标人，并向中标人发出中标通知书，并同时将中标结果通知所有未中标的投标人。按照法律规定，部分招标项目在确定中标候选人和中标人之后还应当依法进行公示。中标既是竞争结果的确定环节，也是发生异议、投诉、举报的环节。

鉴于本书章节体例安排，此处对招标投标程序不作详述，具体程序详见第二章。

【风险提示】

任何单位和个人不得将依法必须进行招标的项目化整为零或者以其他任何方式规避招标。招标人以各种手段和方法，达到逃避按国家法律法规规定要公开招标或邀请招标的行为就是规避招标。招标人违反《中华人民共和国招标投标法》和《中华人民共和国招标投标法实施条例》的规定弄虚作假的，属于规避招标。

在中国，招标投标活动均有着严格的程序要求，招标、投标、开标、评标、中标环节中，无论哪个环节不遵守法律规定，都应当承担相应的法律责任。

【相关案例】

非经招标建设工程施工合同无效案

A公司自行投资开发商品房项目，并直接发包给B公司，并且当地建设局也同意采用直接发包的方式进行工程建设。但商品住宅属于招标投标法规定的关系社会公共利益、公众安全的必须进行招标的工程建设项目范围，因此，本案工程建设项目必须进行招标而未招标，双方之间的《建设工程施工合同》无效。

【法条指引】

中华人民共和国招标投标法（节录）

第二条 在中华人民共和国境内进行招标投标活动，适用本法。

第三条 在中华人民共和国境内进行下列工程建设项目包括项目的勘察、设计、施工、监理以及与工程建设有关的重要设备、材料等的采购，必须进行招标：

（一）大型基础设施、公用事业等关系社会公共利益、公众安全的项目；

（二）全部或者部分使用国有资金投资或者国家融资的项目；

（三）使用国际组织或者外国政府贷款、援助资金的项目。

前款所列项目的具体范围和规模标准，由国务院发展计划部门会同国务院有关部门制订，报国务院批准。

法律或者国务院对必须进行招标的其他项目的范围有规定的，依照其规定。

第五条 招标投标活动应当遵循公开、公平、公正和诚实信用的原则。

第七条 招标投标活动及其当事人应当接受依法实施的监督。

有关行政监督部门依法对招标投标活动实施监督，依法查处招标投标活动中的违法行为。

对招标投标活动的行政监督及有关部门的具体职权划分，由国务院规定。

第十条 招标分为公开招标和邀请招标。

公开招标，是指招标人以招标公告的方式邀请不特定的法人或者其他组织投标。

邀请招标，是指招标人以投标邀请书的方式邀请特定的法人或者其他组织投标。

第二十五条 投标人是响应招标、参加投标竞争的法人或者其他组织。

依法招标的科研项目允许个人参加投标的，投标的个人适用本法有关投标人的规定。

中华人民共和国招标投标法实施条例（节录）

第五条 设区的市级以上地方人民政府可以根据实际需要，建立统一规范的招标投标交易场所，为招标投标活动提供服务。招标投标交易场所不得与行政监督部门存在隶属关系，不得以营利为目的。

国家鼓励利用信息网络进行电子招标投标。

第二十九条 招标人可以依法对工程以及与工程建设有关的货物、服务全部或者部分实行总承包招标。以暂估价形式包括在总承包范围内的工程、货物、服务属于依法必须进行招标的项目范围且达到国家规定规模标准的，应当依法进行招标。

前款所称暂估价，是指总承包招标时不能确定价格而由招标人在招标文件中暂时估定的工程、货物、服务的金额。

第三十条 对技术复杂或者无法精确拟定技术规格的项目，招标人可以分两阶段进行招标。

第一阶段，投标人按照招标公告或者投标邀请书的要求提交不带报价的技术建议，招标人根据投标人提交的技术建议确定技术标准和要求，编制招标文件。

第二阶段，招标人向在第一阶段提交技术建议的投标人提供招标文件，投标人按照招标文件的要求提交包括最终技术方案和投标报价的投标文件。

招标人要求投标人提交投标保证金的，应当在第二阶段提出。

第二章

工程的招标投标

第一节　工程承包招标

【规则要点】

在中国，招标活动是法人之间的经济活动。招标人是指在招标投标活动中以择优选择中标人为目的，提出招标项目、进行招标的法人或者其他组织。招标投标活动依法由招标人负责。招标人享有相应的权利，同时承担相应的义务。

工程招标的方式主要有公开招标和邀请招标。公开招标，是指招标人以招标公告的方式邀请不特定的法人或者其他组织投标。邀请招标，是指招标人以投标邀请书的方式邀请特定的法人或者其他组织投标。

招标组织形式可分为自行招标和委托招标代理机构招标。自行招标，是指招标人自己办理招标公告或资格预审公告或投标邀请、编制资格预审文件和招标文件、对资格预审文件和招标文件进行澄清说明、组织开标、组建评标委员会评标、定标等全过程招标事项。委托招标代理机构招标是由招标人委托招标代理机构为其组织招标，在众多投标者中择优选择中标者。

一般来说，招标程序主要有：拟定招标方案、履行项目审批或备案手续、编制招标文件、编制标底、发布招标公告（资格预审公告）或发出招标邀请函、资格审查、发售招标文件、踏勘现场、组织招标预备会、接收招标文件。

除非有正当理由，招标人启动招标程序后不得擅自终止招标。但如果招标过程中出现了非招标人原因导致的无法继续招标的特殊情形，招标人也可以终止招标。

【理解与适用】

一、招标人

招标人是依照招标投标法规定提出招标项目、进行招标的法人或者其他组织。招标投标活动依法由招标人负责。招标人必须具备的条件是：第一，必须是提出招标项目、进行招标的人；第二，必须是法人或其他组织，自然人不能成为招标人。

在中国，招标投标活动是法人之间的经济活动。法人是具有民事权利能力和民事行为能力，依法独立享有民事权利和承担民事义务的组织。

招标人不得泄露潜在投标人情况。为了有效地保证招标的竞争性，招标人不得向他人透露已经获取的招标文件的投标人名称、投标人数量，也不得透露可能影响不公正竞争的其他情况。

招标人设有标底的，标底必须保密。

依法必须进行招标项目的招标人向他人透露已获取招标文件的潜在投标人的名称、数量或者可能影响公平竞争的有关招标投标的其他情况的，或者泄露标底的，给予警告，可以并处1万元以上、10万元以下的罚款；对单位直接负责的主管人员和其他直接责任人员依法给予处分；构成犯罪的，依法追究刑事责任。所列行为影响中标结果的，中标无效。

二、招标人的权利义务

招标投标活动依法由招标人负责。招标投标法赋予了招标人必要的权利的同时，也规定了相应的义务；如果招标人不履行义务，应承担相应法律责任。

（一）招标人的权利

根据招标投标法的规定，招标人主要享有以下权利。

1. 选择招标代理机构。招标人有权自行选择招标代理机构，委托其办理招标事宜。任何单位和个人不得以任何方式为招标人指定招标代理机构。

2. 发布招标公告或者投标邀请书，并对潜在投标人进行资格审查。招标人可以根据招标项目本身的要求，发布招标公告或者投标邀请书，要求潜在投标人提供有关资质证明文件和业绩情况，并对潜在投标人进行资格审查；国家对投标人的资格条件有规定的，依照其规定。

3. 组织潜在投标人踏勘项目现场。招标人根据招标项目的具体情况，可以组织潜在投标人踏勘项目现场。

4. 招标人可以设标底。

5. 招标人主持开标，并邀请所有投标人参加。

6. 招标人依法组建评标委员会，由评标委员会负责评标。

7. 确定中标人。招标人根据评标委员会提出的书面评标报告和推荐的中标候选人确定中标人。招标人也可以授权评标委员会直接确定中标人。

（二）招标人的义务

根据招标投标法的规定，招标人应当履行以下义务。

1. 依法必须招标的，招标人必须进行招标。任何单位和个人不得将依法必须进行招标的项目化整为零或者以其他任何方式规避招标。

2. 依法接受监督。招标投标活动及其当事人应当接受依法实施的监督。

3. 履行相应的审批和备案手续。招标项目按照国家有关规定需要履行项目审批手续的，应当先履行审批手续，取得批准。依法必须进行招标的项目，招标人自行办理招标事宜的，应当向有关行政监督部门备案。

4. 有相应资金或者资金来源已经落实。招标人应当有进行招标项目的相应资金或者资金来源已经落实，并应当在招标文件中如实载明。从目前的实践看，招标项目的资金来源一般包括：国家和地方政府的财政拨款、企业的自有资金及包括银行贷款在内的各种方式的融资，以及外国政府和有关国际组织的贷款。

5. 依法发布招标公告。招标人采用公开招标方式的，应当发布招标公告。依法必须进行招标项目的招标公告，应当通过国家指定的报刊、信息网络或者其他媒介发布。

6. 公平、公正对待投标人。招标人不得以不合理的条件限制或者排斥潜在投标人，不得对潜在投标人实行歧视待遇。招标人不得向他人透露已获取招标文件的潜在投标人的名称、数量以及可能影响公平竞争的有关招标投标的其他情况。招标人不得强制投标人组成联合体共同投标，不得限制投标人之间的竞争。招标人不得与投标人串通投标，损害国家利益、社会公共利益或者他人的合法权益。

7. 合理编制招标文件。招标人应当根据招标项目的特点和需要编制招标文件。招标文件不得要求或者标明特定的生产供应者以及含有倾向或者排斥潜在投标人的其他内容。

8. 确定合理的投标期限。招标人应当确定投标人编制投标文件所需要的合理时间；但是，依法必须进行招标的项目，自招标文件开始发出之日起至投标人提交投标文件截止之日止，最短不得少于20 日。招标人在招标文件要求提交投标文件的截止时间前收到的所有投标文件，开标时都应当当众予以拆封、宣读。

9. 保证评标在严格保密的情况下进行。招标人应当采取必要的措施，保证评标在严格保密的情况下进行。

10. 依法依规确定中标人。招标人根据评标委员会提出的书面评标报告和推荐的中标候选人确定中标人。

11. 不得在中标前与投标人进行实质谈判。在确定中标人前，招标人不得与投标人就投标价格、投标方案等实质性内容进行谈判。

12. 与中标人签订合同。招标人和中标人应当自中标通知书发出之日起 30 日内，按照招标文件和中标人的投标文件订立书面合同。

13. 向有关部门提交书面报告。依法必须进行招标的项目，招标人应当自确定中标人之日起 15 日内，向有关行政监督部门提交招标投标情况的书面报告。法律赋予了招标人权利，也规定了相应的义务。这些权利义务的背后，是对招标人行为的规范和限制。如果招标人有违法行为，则必然需要承担相应的法律责任。

三、招标方式

工程招标的方式主要有公开招标和邀请招标。公开招标，是指招标人以招标公告的方式邀请不特定的法人或者其他组织投标。邀请招标，是指招标人以投标邀请书的方式邀请特定的法人或者其他组织投标。

（一）公开招标

由于公开招标的透明度和竞争程度更高，公开招标是中国采用的主要方式。招标公告一经发出即构成招标活动的要约邀请，招标人不得随意更改。招标投标法第 11 条规定，国家重点项目和省、自治区、直辖市人民政府确定的地方重点项目原则上应当公开招标。

（二）邀请招标

国务院发展计划部门确定的国家重点项目和省、自治区、直辖市人民政府确定的地方重点项目不适宜公开招标的，经国务院发展计划部门或者省、自治区、直辖市人民政府批准，可以进行邀请招标。

根据《中华人民共和国招标投标法实施条例》第 8 条的规定，国有资金占控股或者主导地位的依法必须进行招标的项目，应当公开招标；但有下列情形之一的，可以邀请招标：（1）技术复杂、有特殊要求或者受自然环境限制，只有少量潜在投标人可供选择；（2）采用公开招标方式的费用占项目合同金额的比例过大。

《最高人民法院关于审理建设工程施工合同纠纷案件适用法律问题的解释》规定，建设工程必须进行招标而未招标或中标无效的，施工合同无效。

四、招标的组织形式

招标组织形式可分为自行招标和委托招标代理机构招标。自行招标，是指招标人自己办理招标公告或资格预审公告或投标邀请、编制资格预审文件和招标文件、对资格预审文件和招标文件进行澄清说明、组织开标、组建评标委员会评标、定标等全过程招标事项。委托招标代理机构招标是由招标人委托招标代理机构为其组织招标，在众多投标者中择优选择中标者。

（一）自行招标

招标人可以自行办理招标。招标人自行办理招标必须具备两个条件：一是有编制招标文件的能力；二是有组织评标的能力。《中华人民共和国招标投标法实施条例》第 10 条规定，招标投标法第 12 条第 2 款规定的招标人具有编制招标文件和组织评标能力，是指招标人具有与招标项目规模和复杂程度相适应的技术、经济等方面的专业人员。

依法必须进行招标的项目，招标人自行办理招标事宜的，应当向有关行政监督部门备案。

（二）委托招标代理机构招标

委托招标代理机构并非强制性要求，招标人有权自行选择招标代理机构，委托其办理招标事宜。任何单位和个人不得以任何方式为招标人指定招标代理机构。

所谓“招标代理机构”是指依法设立、从事招标代理业务并提供相关服务的社会中介组织。

招标代理机构应当具备下列条件：

（1）有从事招标代理业务的营业场所和相应资金；

（2）有能够编制招标文件和组织评标的相应专业力量。

招标代理机构与行政机关和其他国家机关不得存在隶属关系或者其他利益关系。招标代理机构应当在招标人委托的范围内办理招标事宜，并遵守招标投标法关于招标人的规定。

2017 年 12 月 27 日，《全国人民代表大会常务委员会关于修改〈中华人民共和国招标投标法〉、〈中华人民共和国计量法〉的决定》发布，围绕招标代理机构资格认定的取消，对招标投标法进行三处修改。2017 年 12 月 28 日，住房和城乡建设部又发布《住房城乡建设部办公厅关于取消工程建设项目招标代理机构资格认定加强事中事后监管的通知》，明确规定，停止招标代理机构资格申请受理和审批。自 2017 年 12 月 28 日起，各级住房城乡建设部门不再受理招标代理机构资格认定申请，停止招标代理机构资格审批。

取消招标代理资格认定，并不意味着放弃监管，而是将监管重心从事前监管转为了事后监管，主要包括以下三个方面。

一是监管机关加强对招投标活动的过程监管，查处违法违规行为；

二是通过法律处罚、行业自律、失信惩戒等事后监管方式，增加招标代理机构的违法违规成本；

三是全国建筑市场监管公共服务平台可以让发包人更全面地了解招标代理机构的业绩、人员等信息。

招标代理机构代理招标业务，应当遵守招标投标法和相关行政法规关于招标人的规定。招标代理机构不得在所代理的招标项目中投标或者代理投标，也不得为所代理的招标项目的投标人提供咨询。

五、招标程序

一般来说，招标程序主要有：拟定招标方案、履行项目审批或备案手续、编制招标文件、编制标底、发布招标公告（资格预审公告）或发出招标邀请函、资格审查、发售招标文件、踏勘现场、组织招标预备会、接收招标文件。

（一）拟定招标方案

在正式启动招标投标程序前，招标人应当拟定招标方案。招标人在拟定招标方案前，首先应依法选择招标组织形式。招标方案拟定之前，应当查阅项目审批的有关文件和资料，了解掌握项目的基本情况、进展和所处阶段，从而依法确定招标项目的任务目标、主要内容、招标范围、招标条件等。

（二）履行项目审批或备案手续

在中国，必须招标的项目大都关系国计民生，因此，多数必须依法招标的项目根据国家有关规定需要立项审批，且该审批工作应当在招标前完成。因此，招标投标法规定，招标项目按照国家有关规定需要履行项目审批手续的，应当先履行审批手续，取得批准。

招标投标法实施条例第 7 条进一步规定，按照国家有关规定需要履行项目审批、核准手续的依法必须进行招标的项目，其招标范围、招标方式、招标组织形式应当报项目审批、核准部门审批、核准。项目审批、核准部门应当及时将审批、核准确定的招标范围、招标方式、招标组织形式通报有关行政监督部门。《工程建设项目施工招标投标办法》第 10 条规定，按照国家有关规定需要履行项目审批、核准手续的依法必须进行施工招标的工程建设项目，其招标范围、招标方式、招标组织形式应当报项目审批部门审批、核准。项目审批、核准部门应当及时将审批、核准确定的招标内容通报有关行政监督部门。

需要注意的是，仅审批类和核准类的依法必须进行招标的项目才需要审核招标内容。据此，不属于依法必须招标的项目，即使是审批类或核准类的项目，也不需要审核招标内容；不需要审批、核准的项目，即使属于依法必须进行招标的项目，也不需要审核招标内容。对于不需要审核招标内容的项目，由招标人自行确定是否需要招标以及招标方式和招标组织形式。

（三）编制招标文件

编制招标文件的工作内容主要是编制好招标过程中可能涉及的有关文件，以保证招标活动的正常进行。这些文件主要包括招标公告、资格预审文件、招标文件、合同协议书，以及资格预审和评标的方法。

其中，招标文件是招标活动的纲领性文件，也是招标投标行为及其签订中标合同的依据，对招标投标双方主体在投标活动过程中均具有约束力。

招标投标法第 19 条规定了编制招标文件的主要内容和基本要求：招标人应当根据招标项目的特点和需要编制招标文件。招标文件应当包括招标项目的技术要求、对投标人资格审查的标准、投标报价要求和评标标准等所有实质性要求和条件以及拟签订合同的主要条款。国家对招标项目的技术、标准有规定的，招标人应当按照其规定在招标文件中提出相应要求。招标项目需要划分标段、确定工期的，招标人应当合理划分标段、确定工期，并在招标文件中载明。另外，招标投标法实施条例规定，编制依法必须进行招标项目的招标文件，应当使用国务院发展改革部门会同有关行政监督部门制定的标准文本。

另外，招标投标法第 20 条及招标投标法实施条例第 24 条对招标文件作出了相应禁止性规定，即招标文件不得要求或者标明特定的生产供应者以及含有倾向或者排斥潜在投标人的其他内容。招标人对招标项目划分标段的，应当遵守招标投标法的有关规定，不得利用划分标段限制或者排斥潜在投标人。依法必须进行招标项目的招标人不得利用划分标段规避招标。

除招标投标法及招标投标法实施条例上述规定之外，结合中国有关部门制定的《标准施工文件》等标准文本，可以看出，招标文件一般应当包括以下实质性要求和条件：

1. 招标公告（资格预审公告）或投标邀请书。

2. 投标人须知（包括密封、签署、盖章要求等），投标须知的主要内容包括：

（1）资金来源。招标文件中关于资金数额和资金来源的情况必须如实载明，招标人不得做假。招标人在招标时必须确实拥有相应的资金或者有能证明其资金来源已经落实的合法性文件为保证。

（2）如果没有进行资格预审的，要提出投标人的资格要求。

3. 投标人应当提交的资格、资信证明文件。

4. 投标报价要求、投标文件编制要求和投标保证金缴纳方式。

5. 招标项目的技术规格、要求和数量，包括附件、图纸等。

6. 合同主要条款及合同签订方式；交货和提供服务的时间。

7. 评标方法、评标标准和废标条款。

8. 投标截止时间、开标时间及地点。

9. 省级以上财政部门规定的其他事项。

招标人应当在招标文件中规定实质性要求和条件，并用醒目的方式标明。以 2017 年 10 月 1 日施行的《政府采购货物和服务招标投标管理办法》为例，该办法第 20 条规定，采购人或者采购代理机构应当根据采购项目的特点和采购需求编制招标文件。招标文件应当包括以下主要内容：

（1）投标邀请；

（2）投标人须知（包括投标文件的密封、签署、盖章要求等）；

（3）投标人应当提交的资格、资信证明文件；

（4）为落实政府采购政策，采购标的需满足的要求，以及投标人须提供的证明材料；

（5）投标文件编制要求、投标报价要求和投标保证金缴纳、退还方式以及不予退还投标保证金的情形；

（6）采购项目预算金额，设定最高限价的，还应当公开最高限价；

（7）采购项目的技术规格、数量、服务标准、验收等要求，包括附件、图纸等；

（8）拟签订的合同文本；

（9）货物、服务提供的时间、地点、方式；

（10）采购资金的支付方式、时间、条件；

（11）评标方法、评标标准和投标无效情形；

（12）投标有效期；

（13）投标截止时间、开标时间及地点；

（14）采购代理机构代理费用的收取标准和方式；

（15）投标人信用信息查询渠道及截止时点、信用信息查询记录和证据留存的具体方式、信用信息的使用规则等；

（16）省级以上财政部门规定的其他事项。

对于不允许偏离的实质性要求和条件，采购人或者采购代理机构应当在招标文件中规定，并以醒目的方式标明。

（四）编制标底

标底是由招标人自行编制的，或者委托具有编制标底资格和能力的中介机构代理编制，并按规定报经审定的招标工程的预期价格。编制标底是招投标活动中重要的环节之一，是评标、定标的重要依据。

标底文件一般包括下列内容：（1）标底的综合编制说明；（2）标底价格审定书、标底价格计算书、带有价格的工程量清单，现场因素、各种施工措施费的测算明细以及采用固定价格时的风险系数测算明细等；（3）主要材料用量；（4）标底附件。

招标投标法实施条例第27条及第50条规定，招标人可以自行决定是否编制标底。一个招标项目只能有一个标底。招标人应当在开标时公布标底。标底只能作为评标的参考，不得以投标报价是否接近标底作为中标条件，也不得以投标报价超过标底上下浮动范围作为否决投标的条件。标底必须保密。接受委托编制标底的中介机构不得参加受托编制标底项目的投标，也不得为该项目的投标人编制投标文件或者提供咨询。

招标人设有最高投标限价的，应当在招标文件中明确最高投标限价或者最高投标限价的计算方法，最高投标限价是招标人可以承受的最高价格，必须在招标文件中公布，对投标报价的有效性具有强制约束力，投标人必须响应。招标人不得规定最低投标限价。

（五）发布招标公告（资格预审公告）或发出招标邀请函

公开招标从发布招标公告开始，邀请招标则从发出邀请招标函开始，到投标截止日期为止的期间就是招标投标阶段。发布招标公告（资格预审公告）或发出招标邀请函是启动投标活动法律程序的标志。

1. 发布招标公告

以发布招标公告的方式邀请不特定的法人或者其他组织投标是公开招标一个最显著的特征。招标投标法第 16 条第 1 款规定："招标人采用公开招标方式的，应当发布招标公告。依法必须进行招标的项目的招标公告，应当通过国家指定的报刊、信息网络或者其他媒介发布。"招标公告应当载明招标人的名称和地址、招标项目的性质、数量、实施地点和时间以及获取招标文件的办法等事项。公开招标方式的基本要求是信息公开。实践中，招标公告一般同时发布在当地的工程交易中心网站、政府网站和中国招标投标网站。对于不是必须招标的项目，招标人可以自由选择招标公告的发布媒介。

招标公告内容应当真实、准确和完整。招标公告的内容主要包括：

（1）招标条件，包括招标项目的名称、项目审批、核准或备案机关名称、资金来源、简要技术要求以及招标人的名称等。

（2）招标项目的规模、招标范围、标段或标包的划分或数量。

（3）招标项目的实施地点、交货或服务地点。

（4）招标项目的实施时间，即工程施工工期、货物交货期或提供服务时间等。

（5）对投标人、供应商或服务商的资质等级与资格要求。

（6）获取招标文件的时间、地点、方式以及招标文件售价。

（7）递交投标文件的地点和投标截止日期。

（8）联系方式，包括招标人、招标或采购代理机构项目联系人的名称、地址、电话、传真、网址、开户银行及账号等联系方式。

（9）其他。

2. 发布资格预审公告

资格预审公告是指招标人通过媒介发布公告，表示招标项目采用资格预审的方式，公开选择条件合格的潜在投标人，使感兴趣的潜在投标人了解招标、采购项目的情况及资格条件，前来购买资格预审文件，参加资格预审和投标竞争。

公开招标采用资格预审方式的，以资格预审公告代替招标公告。在不同媒介发布的同一招标项目的资格预审公告或者招标公告的内容应当一致。指定媒介发布依法必须进行招标项目的境内资格预审公告、招标公告，不得收取费用。

3. 发出招标邀请书

招标人采用邀请招标方式的，应当向三个以上具备承担招标项目的能力、资信良好的特定的法人或者其他组织发出投标邀请书。投标邀请书应当载明招标人的名称和地址、招标项目的性质、数量、实施地点和时间以及获取招标文件的办法等事项。

投标邀请书的内容和招标公告的内容基本一致，只需增加要求潜在投标人“确认”是否收到了投标邀请书的内容。如《标准施工招标文件》中关于“投标邀请书”的条款，就专门要求潜在投标人在规定时间以前，用传真或快递方式向招标人“确认”是否收到了投标邀请书。

值得注意的是，政府采购项目的邀请招标采用了公开选择邀请合格投标人或潜在投标人的方法。《政府采购货物和服务招标投标管理办法》规定，采用邀请招标方式采购的，应按规定发布资格预审公告，公布投标人资格条件。投标人应按资格预审公告要求提交资格证明文件。招标采购单位应从资格评审合格的投标人中通过随机抽取方式选择3家以上的投标人，并向其发出投标邀请书。

（六）资格审查

对投标人进行资格审查是招标投标活动中一个重要的环节，是潜在投标人真正进入投标或投标人的投标文件进入详细评审的门槛，通过资格审查，可以确认投标人的技术和财务实力、项目经验以及承接招标项目的能力等。资格审查分为资格预审和资格后审两种办法。

1. 资格预审

资格预审是指在招投标活动中，招标人通过发布资格预审公告，在潜在招标人购买招标文件之前，由招标人或者由其依法组建的资格审查委员会按照资格预审文件对资格预审申请人的承包能力、业绩、资格和资质、历史工程情况、财务状况和信誉等进行审查，并确定通过资格预审的申请人的过程。未通过资格预审的申请人，不具有投标的资格。

招标投标法第18条规定，招标人可以根据招标项目本身的要求，在招标公告或者投标邀请书中，要求潜在投标人提供有关资质证明文件和业绩情况，并对潜在投标人进行资格审查；国家对投标人的资格条件有规定的，依照其规定。

《工程建设项目施工招标投标办法》第20条规定，资格审查应主要审查潜在投标人或者投标人是否符合下列条件：

（1）具有独立订立合同的权利；

（2）具有履行合同的能力，包括专业、技术资格和能力，资金、设备和其他物质设施状况，管理能力，经验、信誉和相应的从业人员；

（3）没有处于被责令停业，投标资格被取消，财产被接管、冻结，破产状态；

（4）在最近三年内没有骗取中标和严重违约及重大工程质量问题；

（5）国家规定的其他资格条件。

招标投标法实施条例对资格预审的程序作了详细规定，具体如下：

（1）招标人应当编制资格预审文件，发布资格预审公告

招标人采用资格预审办法对潜在投标人进行资格审查的，应当编制资格预审文件、发布资格预审公告。

资格预审文件的内容主要有：

①资格预审公告；

②资格预审申请人须知；

③资格预审申请表；

④工程概况等。

依法必须进行招标项目的资格预审公告，应当在国务院发展改革部门依法指定的媒介发布。在不同媒介发布的同一招标项目的资格预审公告的内容应当一致。指定媒介发布依法必须进行招标项目的境内资格预审公告，不得收取费用。编制依法必须进行招标项目的资格预审文件，应当使用国务院发展改革部门会同有关行政监督部门制定的标准文本。

（2）资格预审文件、招标文件的发售

招标人应当按照资格预审公告、招标公告或者投标邀请书规定的时间、地点发售资格预审文件或者招标文件。资格预审文件或者招标文件的发售期不得少于5日。招标人发售资格预审文件、招标文件收取的费用应当限于补偿印刷、邮寄的成本支出，不得以营利为目的。

（3）资格预审申请文件提交时间

招标人应当合理确定提交资格预审申请文件的时间。依法必须进行招标的项目提交资格预审申请文件的时间，自资格预审文件停止发售之日起

不得少于5日。

（4）资格预审主体和依据

资格预审应当按照资格预审文件载明的标准和方法进行。国有资金占控股或者主导地位的依法必须进行招标的项目，招标人应当组建资格审查委员会审查资格预审申请文件。资格审查委员会及其成员应当遵守招标投标法和有关评标委员会及其成员的规定。

（5）资格预审结果

资格预审结束后，招标人应当及时向资格预审申请人发出资格预审结果通知书。未通过资格预审的申请人不具有投标资格。

（6）资格预审文件和招标文件的澄清修改

招标人可以对已发出的资格预审文件或者招标文件进行必要的澄清或者修改。澄清或者修改的内容可能影响资格预审申请文件或者投标文件编制的，招标人应当在提交资格预审申请文件截止时间至少3日前，或者投标截止时间至少15日前，以书面形式通知所有获取资格预审文件或者招标文件的潜在投标人，不足3日或者15日的，招标人应当顺延提交资格预审申请文件或者投标文件的截止时间。

（7）对资格预审文件的异议

潜在投标人或者其他利害关系人对资格预审文件有异议的，应当在提交资格预审申请文件截止时间2日前提出；对招标文件有异议的，应当在投标截止时间10日前提出。招标人应当自收到异议之日起3日内作出答复；作出答复前，应当暂停招标投标活动。

（8）资格预审文件和招标文件不得违法

招标人编制的资格预审文件、招标文件的内容如有违反法律、行政法规的强制性规定，违反公开、公平、公正和诚实信用原则，影响资格预审结果或者潜在投标人投标的，依法必须进行招标项目的招标人应当在修改资格预审文件或者招标文件后重新招标。

2. 资格后审

所谓资格后审，是指开标后在评标阶段进行的资格审查，审查主体是评标委员会。采用资格后审时，招标人应当在开标后由评标委员会按照招标文件规定的标准和方法对投标人的资格进行审查。资格后审是评标工作的一个重要内容。对资格后审不合格的投标人，评标委员会应否决其投标。

资格后审的办法适合投标申请人较少的项目，增加了串标的难度和成本。招标投标法实施条例第 20 条即对资格后审作出了相应规定：招标人采用资格后审办法对投标人进行资格审查的，应当在开标后由评标委员会按照招标文件规定的标准和方法对投标人的资格进行审查。

（七）发售招标文件

招标人应当按照招标公告或者投标邀请书规定的时间、地点发售招标文件。招标文件的发售时间要根据工程项目实际情况和投标人的分布范围确定，确保招标人有合理的时间获得招标文件。招标文件的发售期不得少于 5 日。发售招标文件时，招标人或招标代理机构应做好购买招标书的记录。招标人发售招标文件收取的费用应当限于补偿印刷、邮寄的成本支出，不得以营利为目的。

（八）踏勘现场

踏勘现场是指招标人组织潜在招标人对工程现场场地和周围环境等客观条件进行的现场勘察，招标人根据招标项目的具体情况，可以组织所有购买招标文件或接收招标邀请书的潜在投标人踏勘项目现场。招标人不得组织单个或者部分潜在投标人踏勘项目现场。

投标人到现场踏勘，可进一步了解招标人的意图和现场周围的环境情况。招标人应主动向潜在投标人介绍项目的有关情况。

（九）组织投标预备会

投标预备会是在招标文件规定的时间和地点，由招标人主持召开，在预备会上对招标文件和现场踏勘情况作介绍或解释，并解答潜在投标人提出的疑问，包括书面提出的和口头提出的询问。投标预备会的目的在于澄清招标文件中的疑问，解答潜在投标人对招标文件和勘察现场中所提出的疑问。《工程建设项目施工招标投标办法》第 33 条规定，对于潜在投标人在阅读招标文件和现场踏勘中提出的疑问，招标人可以书面形式或召开投标预备会的方式解答，但需同时将解答以书面方式通知所有购买招标文件的潜在投标人。该解答的内容为招标文件的组成部分。

（十）接收投标文件

招标人收到投标文件后，应当签收保存，不得开启。投标人少于 3 人的，招标人应当依法重新招标。根据招标投标法实施条例第 36 条的规定，出现以下情形，招标人有权拒绝接收投标文件：

一是超过投标截止时间。

根据招标投标法实施条例第 36 条规定，逾期送达的投标文件，招标人应当拒收。招标人应当如实记载投标文件的实际送达时间，并存档备案。如发生地点方面的错送、误送，其后果由投标人自行承担。

二是未按招标文件要求密封。

应密封的投标文件未密封将被拒收。如果有使用电子文档形式递交的，一定要设密码，否则也不予接收。需要注意的是，应尽可能减少投标文件不符合密封要求而被拒收的情形。即使投标文件的密封情况与招标文件规定存在偏离，应当允许投标人在投标截止时间前修补和完善。

三是未通过资格预审的申请人提交的投标文件。

申请人未通过资格预审的，不具备投标资格，因此，既使其递交了投标文件，招标人也应拒收。

六、招标终止

除非有正当理由，招标人启动招标程序后不得擅自终止招标。但如果招标过程中出现了非招标人原因导致的无法继续招标的特殊情形，招标人可以终止招标。

招标人终止招标的，应当及时发布公告，或者以书面形式通知被邀请的或者已经获取资格预审文件、招标文件的潜在投标人。已经发售资格预审文件、招标文件或者已经收取投标保证金的，招标人应当及时退还所收取的资格预审文件、招标文件的费用，以及所收取的投标保证金及银行同期存款利息。

一般来说，终止招标后，重新招标的情形有以下几种。

1. 投标人或通过资格预审的申请人少于三个的，招标人应重新招标。

2. 依法必须进行招标项目的所有投标被否决的，招标人应重新招标。

3. 招标人编制的招标文件或资格预审文件违背法律、法规强制性规定，招标人应修改招标文件或资格预审文件后重新招标。

4. 国有资金占控股或者主导地位的依法必须进行招标的项目，排名第一的中标候选人放弃中标、因不可抗力不能履行合同、不按照招标文件要求提交履约保证金，或者被查实存在影响中标结果的违法行为等情形，不符合中标条件的，招标人可以选择重新招标。

5. 依法必须进行招标项目的招标投标活动违反招标投标法和本条例的规定，对中标结果造成实质性影响，招标人应重新招标。

七、招标活动中的禁止行为

招标投标法是一部程序法，对招标投标活动作出了规范管理。招标人作为招标投标活动的发起者，在招标投标活动中始终发挥主导作用。然而，一些招标人处于各种原因，往往会出现一些法律禁止行为，如规避招标、虚假招标、串通投标。

在招标活动中，禁止招标人存在下列行为。

1. 招标人必须进行招标的项目而不招标的；将必须进行招标的项目化整为零或者以其他任何方式规避招标的。

2. 招标人以不合理的条件限制或者排斥潜在投标人的；对潜在投标人实行歧视待遇的；强制要求投标人组成联合体共同投标的；或者限制投标人之间竞争的。

3. 依法必须进行招标的项目的招标人向他人透露已获取招标文件的潜在投标人的名称、数量或者可能影响公平竞争的有关招标投标的其他情况的；或者泄露标底的。

4. 依法必须进行招标的项目，招标人与投标人就投标价格、投标方案等实质性内容进行谈判的。

5. 招标人在评标委员会依法推荐的中标候选人以外确定中标人的；依法必须进行招标的项目在所有投标被评标委员会否决后，自行确定中标人的招标人与中标人不按照招标文件和中标人的投标文件订立合同的；或者招标人、中标人订立背离合同实质性内容的协议。

【风险提示】

招标文件不得要求或者标明特定的生产供应者以及含有倾向或者排斥潜在投标人的其他内容。招标人不得向他人透露已获取招标文件的潜在投标人的名称、数量以及可能影响公平竞争的有关招标投标的其他情况。招标人设有标底的，标底必须保密。

除非有正当理由，招标人启动招标程序后不得擅自终止招标。主要原因在于：一是招标人擅自终止招标违背了诚实信用原则；二是允许招标人擅自终止招标，将难以保障招标投标活动的公正和公平。

依法必须进行招标的项目的招标人不按照规定发布资格预审公告或者招标公告，构成规避招标的，以及招标人必须进行招标的项目而不招标的，将必须进行招标的项目化整为零或者以其他任何方式规避招标的，会被责令限期改正，可以处项目合同金额5‰以上10‰以下的罚款；对全部或者部分使用国有资金的项目，可以暂停项目执行或者暂停资金拨付；对单位直接负责的主管人员和其他直接责任人员依法给予处分。

【相关案例】

案例1　对潜在投标人实行歧视待遇案

在某施工公开招标中，共有8家施工企业报名投标，经资格预审均符合资格预审文件的要求，但发包人以A施工企业是外地企业为由，坚持不同意其参加投标。该行为是一种限制或者排斥本地区以外法人参加投标的违法行为。根据法律规定，招标人以不合理的条件限制或者排斥潜在投标人的，对潜在投标人实行歧视待遇的，强制要求投标人组成联合同投标的，或者限制投标人之间竞争的，责令改正，可以处1万元以上5万元以下的罚款。

案例2　违法邀请招标案

某建设单位现有一工程需要招标，该工程项目是省重点工程项目，由于工程复杂，一般施工队伍难以胜任，建设单位便自行决定采取邀请招标方式，向通过资格预审的5家施工企业发出了投标邀请书。招标投标法规定，国务院发展计划部门确定的国家重点项目和省、自治区、直辖市人民政府确定的地方重点项目不适宜公开招标的，经国务院发展计划部门或者省、自治区、直辖市人民政府批准，可以进行邀请招标。因此，本案中，建设单位擅自决定对省重点工程项目采取邀请招标的做法，违反了招标投标法的有关规定，是不合法的。

案例3 超过截止时间投标无效案

某单位就某项目进行招标。按照招标文件的规定，5月23日上午10时为提交投标文件的截止时间，投标人S企业因堵车直到当天上午11点才将招标文件送达。根据招标投标法第28条第2款规定："在招标文件要求提交投标文件的截止时间后送达的投标文件，招标人应当拒收。"

【法条指引】

中华人民共和国招标投标法（节录）

第四条 任何单位和个人不得将依法必须进行招标的项目化整为零或者以其他任何方式规避招标。

第八条 招标人是依照本法规定提出招标项目、进行招标的法人或者其他组织。

第十条 招标分为公开招标和邀请招标。

公开招标，是指招标人以招标公告的方式邀请不特定的法人或者其他组织投标。

邀请招标，是指招标人以投标邀请书的方式邀请特定的法人或者其他组织投标。

第十一条 国务院发展计划部门确定的国家重点项目和省、自治区、直辖市人民政府确定的地方重点项目不适宜公开招标的，经国务院发展计划部门或者省、自治区、直辖市人民政府批准，可以进行邀请招标。

第十八条 招标人可以根据招标项目本身的要求，在招标公告或者投标邀请书中，要求潜在投标人提供有关资质证明文件和业绩情况，并对潜在投标人进行资格审查；国家对投标人的资格条件有规定的，依照其规定。

招标人不得以不合理的条件限制或者排斥潜在投标人，不得对潜在投标人实行歧视待遇。

第十九条 招标人应当根据招标项目的特点和需要编制招标文件。招标文件应当包括招标项目的技术要求、对投标人资格审查的标准、投标报价要求和评标标准等所有实质性要求和条件以及拟签订合同的主要条款。

国家对招标项目的技术、标准有规定的，招标人应当按照其规定在招标文件中提出相应要求。

招标项目需要划分标段、确定工期的，招标人应当合理划分标段、确定工期，并在招标文件中载明。

第二十二条 招标人不得向他人透露已获取招标文件的潜在投标人的名称、数量以及可能影响公平竞争的有关招标投标的其他情况。

招标人设有标底的，标底必须保密。

中华人民共和国招标投标法实施条例（节录）

第八条 国有资金占控股或者主导地位的依法必须进行招标的项目，应当公开招标；但有下列情形之一的，可以邀请招标：

（一）技术复杂、有特殊要求或者受自然环境限制，只有少量潜在投标人可供选择；

（二）采用公开招标方式的费用占项目合同金额的比例过大。

有前款第二项所列情形，属于本条例第七条规定的项目，由项目审批、核准部门在审批、核准项目时作出认定；其他项目由招标人申请有关行政监督部门作出认定。

第三十一条 招标人终止招标的，应当及时发布公告，或者以书面形式通知被邀请的或者已经获取资格预审文件、招标文件的潜在投标人。已经发售资格预审文件、招标文件或者已经收取投标保证金的，招标人应当及时退还所收取的资格预审文件、招标文件的费用，以及所收取的投标保证金及银行同期存款利息。

第二节 工程承包投标

【规则要点】

投标人是响应招标、参加投标竞争的法人或者其他组织。投标人应当具有相应的资质条件等。

联合体投标是一种特殊的投标人组织形式，一般适用于大型的或结构复杂的项目。联合体各方均应当具备承担招标项目的相应能力。

投标文件一般包括下列内容：（1）投标函；（2）投标报价；（3）施工组织设计；（4）商务和技术偏差表。投标程序一般有如下步骤：第一，向招标人提交资格审查需要的文件；第二，购买招标文件和有关资料并缴纳投标保证金；第三，按招标文件要求开展各项投标准备工作；第四，参加踏勘现场和投标预备会；第五，编制和递交投标文件；第六，出席开标会议，参加评标期间的澄清会谈；第七，接受中标通知书，签订合同。

为了规范招投标行为，中国对招标活动作出了相应的禁止行为。一般来说，投标活动中的禁止行为主要有：禁止投标人串标、禁止投标人与招标人串标、禁止行贿谋取中标、禁止以低于成本的报价竞标、禁止弄虚作假投标等。

【理解与适用】

一、投标人及条件

投标人是响应招标、参加投标竞争的法人或者其他组织。依法招标的科研项目允许个人参加投标的，投标的个人适用招标投标法有关投标人的规定。

投标人参加依法必须进行招标项目的投标，不受地区或者部门的限制，任何单位和个人不得非法干涉。

投标人应当具备承担招标项目的能力；国家有关规定对投标人资格条件或者招标文件对投标人资格条件有规定的，投标人应当具备规定的资格条件。

投标人应当在招标文件要求提交投标文件的截止时间前，将投标文件送达投标地点。

与招标人存在利害关系可能影响招标公正性的法人、其他组织或者个人，不得参加投标。单位负责人为同一人或者存在控股、管理关系的不同单位，不得参加同一标段投标或者未划分标段的同一招标项目投标。违反以上规定的，相关投标均无效。投标人发生合并、分立、破产等重大变化的，应当及时书面告知招标人。投标人不再具备资格预审文件、招标文件规定的资格条件或者其投标影响招标公正性的，其投标无效。

二、联合体投标

联合体投标是一种特殊的投标人组织形式，一般适用于大型的或结构复杂的项目。

招标投标法对联合投标作出了相应规定。招标投标法规定，两个以上法人或者其他组织可以组成一个联合体，以一个投标人的身份共同投标。

联合体各方均应当具备承担招标项目的相应能力；国家有关规定或者招标文件对投标人资格条件有规定的，联合体各方均应当具备规定的相应资格条件。由同一专业的单位组成的联合体，按照资质等级较低的单位确定资质等级。

联合体各方应当签订共同投标协议，明确约定各方拟承担的工作和责任，并将共同投标协议连同投标文件一并提交招标人。联合体中标的，联合体各方应当共同与招标人签订合同，就中标项目向招标人承担连带责任。

招标人不得强制投标人组成联合体共同投标，不得限制投标人之间的竞争。

三、投标文件及程序

投标文件一般包括下列内容：（1）投标函；（2）投标报价；（3）施工组织设计；（4）商务和技术偏差表。

投标程序一般有如下步骤：第一，向招标人提交资格审查需要的文件；第二，购买招标文件和有关资料并缴纳投标保证金；第三，按招标文件要求开展各项投标准备工作；第四，参加踏勘现场和投标预备会；第五，编制和递交投标文件；第六，出席开标会议，参加评标期间的澄清会谈；第七，接受中标通知书，签订合同。

（一）投标文件的内容

投标人应当按照招标文件的要求编制投标文件。投标文件应当对招标文件提出的实质性要求和条件作出响应。这里的实质性要求和条件，是指招标项目的价格、项目进度计划、技术规范、合同的主要条款等，投标文件必须对之作出响应，更不能对招标文件进行修改或提出任何附带条件。如果投标人根据招标文件载明的项目实际情况，拟在中标后将中标项目的部分非主体、非关键性工作进行分包的，应当在投标文件中载明。

招标项目属于建设施工的，投标文件的内容应当包括拟派出的项目负责人与主要技术人员的简历、业绩和拟用于完成招标项目的机械设备等。投标人在招标文件要求提交投标文件的截止时间前，可以补充、修改或者撤回已提交的投标文件，并书面通知招标人。补充、修改的内容为投标文件的组成部分。

《工程建设项目施工招标投标办法》第36条规定，投标人应当按照招标文件的要求编制投标文件。投标文件应当对招标文件提出的实质性要求和条件作出响应。

投标文件一般包括下列内容：

（1）投标函；

（2）投标报价；

（3）施工组织设计；

（4）商务和技术偏差表。

一般来说，实践中，投标文件主要由唱标信封、商务标部分、技术标部分三大部分组成。

唱标信封部分主要包含的内容为：投标函、投标报价表、投标保证金交存凭证（复印件）等。

商务标部分主要包括：

（1）法定代表人身份证明；

（2）法人授权委托书（正本为原件）；

（3）企业营业执照、资质证书、安全生产许可证等；

（4）投标人基本情况表；

（5）本项目主要设计人员简历表：

（6）近三年内完成类似工程项目的情况表；

（7）投标承诺书；

（8）中标服务费承诺书；

（9）其他有必要说明的内容等。

技术标一般包括：

（1）项目总体架构及技术解决方案；

（2）技术响应表；

（3）保证工期的施工组织方案及人力资源安排；

（4）项目实施人员一览表；

（5）工程量、人工费清单；

（6）技术服务、技术培训、售后服务的内容和措施；

（7）需要说明的其他文件和说明等。

（二）投标程序

第一，向招标人提交资格审查需要的文件。

资格审查是投标人投标过程中的第一关。潜在投标人应当按照招标公告（资格预审公告）或投标邀请后提出的资格审查要求，向招标人申报资格审查。

第二，购买招标文件和有关资料并缴纳投标保证金。

资格审查通过后，潜在投标人可向招标人购买招标文件和其他相关资料，同时缴纳投标保证金。

购买招标文件时，通常只需要携带招标公告中要求在购买文件时需要携带的证件即可，一般要求提供法人授权委托书，营业执照副本复印件（加盖公章）等。

投标保证金是投标人保证其在投标有效期内不随意撤回投标文件或中标后按招标文件签署合同而提交的担保金。提交投标保证金是国际惯例。投标保证金可以选择现金、现金支票、银行汇票、保兑支票、银行保函或招标人认可的其他合法担保形式。招标投标法实施条例第26条规定，招标人在招标文件中要求投标人提交投标保证金的，投标保证金不得超过招标项目估算价的2%。投标保证金有效期应当与投标有效期一致。依法必须进行招标的项目的境内投标单位，以现金或者支票形式提交的投标保证金应当从其基本账户转出。

第三，按招标文件要求开展各项投标准备工作。

投标准备时间一般从开始发放招标文件之日起至投标截止时间为止，它由招标人根据工程项目的具体情况确定，通常在28天之内。

投标人可以委托代理人，代理人代表投标单位提交标书、参与整个投标活动。委托代理人的投标人应当出具授权委托书，在授权委托书中写明授权的权限。

第四，参加踏勘现场和投标预备会。

投标人拿到招标文件后，如有疑问需要招标人予以澄清和解答的，应在收到招标文件后 7 日内以书面形式向招标人提出。

投标人在去现场踏勘之前，应先仔细研究招标文件有关内容和各项要求。投标人进行现场踏勘的内容，主要包括以下几个方面。

（1）工程的范围、性质以及与其他工程之间的关系；

（2）投标人参与投标的那一部分工程与其他承包商或分包商之间的关系；

（3）现场地貌、地质、水文、气候、交通、电力、水源等情况，有无障碍物等；

（4）进出现场的方式，现场附近有无食宿条件、料场开采条件，其他加工条件，设备维修条件等；

（5）项目所在地的社会经济状况。

投标预备会的目的是解答潜在投标人对招标文件的疑问和在现场中提出的各种问题。投标预备会可以不举行，但招标人应当采用书面答复的形式对投标人所提问题进行回答。所有问题的解答，将邮寄或传真给所有投标人，由此而产生的对招标文件内容的修改，将成为招标文件的组成部分，对于双方均具有法律约束力。

第五，编制和递交投标文件。

投标人应当按照招标文件的要求编制投标文件。投标人应当在招标文件要求提交投标文件的截止时间前，将投标文件送达投标地点。招标投标法实施条例第 25 条规定，招标人应当在招标文件中载明投标有效期。投标有效期从提交投标文件的截止之日起算。在招标文件要求提交投标文件的截止时间后送达的投标文件，招标人应当拒收。投标人在招标文件要求提交投标文件的截止时间前，可以补充、修改或者撤回已提交的投标文件，并书面通知招标人。补充、修改的内容为投标文件的组成部分。

第六，出席开标会议，参加评标期间的澄清会谈。

递交投标文件后，投标人要积极准备出席开标会议。参加开标会议对投标人来说，既是权利也是义务。按照国际惯例，投标人不参加开标会议的，其投标文件将不予启封，不予唱标，不允许参加评标。投标人参加开标会议，要注意其投标文件是否被正确启封、宣读，对于被错误地认定为无效的投标文件或唱标出现的错误，应当场提出异议。在评标期间，评标组织要求澄清投标文件中不清楚问题的，投标人应积极予以说明、解释、澄清。

第七，接受中标通知书，签订合同。

中标人确定后，招标人应当向中标人发出中标通知书。中标通知书对招标人和中标人具有法律效力。招标人和中标人应当自中标通知书发出之日起30日内，按照招标文件和中标人的投标文件订立书面合同。招标人和中标人不得再行订立背离合同实质性内容的其他协议。招标文件要求中标人提交履约保证金的，中标人应当提交。

四、投标活动的禁止行为

为了规范招投标行为，中国对招标活动作出了相应的禁止行为。一般来说，投标活动中的禁止行为主要有：禁止投标人串标、禁止投标人与招标人串标、禁止行贿谋取中标、禁止以低于成本的报价竞标、禁止弄虚作假投标等。

（一）禁止串标

1. 禁止投标人串标

招标投标法第32条第1款规定，投标人不得相互串通投标报价，不得排挤其他投标人的公平竞争，损害招标人或者其他投标人的合法权益。

招标投标法实施条例第39条进一步明确规定，禁止投标人相互串通投标。有下列情形之一的，属于投标人相互串通投标：

（1）投标人之间协商投标报价等投标文件的实质性内容；

（2）投标人之间约定中标人；

（3）投标人之间约定部分投标人放弃投标或者中标；

（4）属于同一集团、协会、商会等组织成员的投标人按照该组织要求协同投标；

（5）投标人之间为谋取中标或者排斥特定投标人而采取的其他联合行动。

招标投标法实施条例第40条规定，有下列情形之一的，视为投标人相互串通投标：

（1）不同投标人的投标文件由同一单位或者个人编制；

（2）不同投标人委托同一单位或者个人办理投标事宜；

（3）不同投标人的投标文件载明的项目管理成员为同一人；

（4）不同投标人的投标文件异常一致或者投标报价呈规律性差异；

（5）不同投标人的投标文件相互混装；

（6）不同投标人的投标保证金从同一单位或者个人的账户转出。

2. 禁止投标人与招标人串标

招标投标法第 32 条第 2 款规定，投标人不得与招标人串通投标，损害国家利益、社会公共利益或者他人的合法权益。

招标投标法实施条例第 41 条规定，禁止招标人与投标人串通投标。有下列情形之一的，属于招标人与投标人串通投标：

（1）招标人在开标前开启投标文件并将有关信息泄露给其他投标人；

（2）招标人直接或者间接向投标人泄露标底、评标委员会成员等信息；

（3）招标人明示或者暗示投标人压低或者抬高投标报价；

（4）招标人授意投标人撤换、修改投标文件；

（5）招标人明示或者暗示投标人为特定投标人中标提供方便；

（6）招标人与投标人为谋求特定投标人中标而采取的其他串通行为。

（二）禁止行贿谋取中标

招标投标法规定，禁止投标人以向招标人或者评标委员会成员行贿的手段谋取中标。投标人以行贿手段谋取中标是一种严重的违法行为，其法律后果是中标无效，有关责任人和单位要承担相应的行政责任或刑事责任，给他人造成损失的还应承担民事赔偿责任。

（三）禁止以低于成本的报价竞标，禁止弄虚作假投标

招标投标法第 33 条规定，投标人不得以低于成本的报价竞标，也不得以他人名义投标或者以其他方式弄虚作假，骗取中标。招标投标法实施条例第 42 条规定，使用通过受让或者租借等方式获取的资格、资质证书投标的，属于招标投标法第 33 条规定的以他人名义投标。

投标人有下列情形之一的，属于招标投标法第 33 条规定的以其他方式弄虚作假的行为：

（1）使用伪造、变造的许可证件；

（2）提供虚假的财务状况或者业绩；

（3）提供虚假的项目负责人或者主要技术人员简历、劳动关系证明；

（4）提供虚假的信用状况；

（5）其他弄虚作假的行为。

以违法手段谋取中标是严重的违法行为，其法律后果是中标无效，有关责任人和单位要承担相应的行政责任或刑事责任，给他人造成损失的还应承担民事赔偿责任。

【风险提示】

与招标人存在利害关系可能影响招标公正性的法人、其他组织或者个人，不得参加投标。单位负责人为同一人或者存在控股、管理关系的不同单位，不得参加同一标段投标或者未划分标段的同一招标项目投标。

【相关案例】

案例1　不按招标文件、投标文件订立合同案

某工程项目，发包人通过招标选择了一家具有相应资质的单位中标，并在中标通知书发出后与该单位签订了合同，后双方又签订了一份酬金比中标价低8%的协议。依照法律规定，招标人和中标人应当依照招标投标法和有关规定签订书面合同，合同的标的、价款、质量、履行期限等主要条款应当与招标文件和中标人的投标文件的内容一致。招标人和中标人不得再行订立背离合同实质性内容的其他协议。很显然，本案中招投标双方签订合同之后，又签订了一份酬金比中标价低8%的协议，是订立背离合同实质性内容其他协议的违法行为。

案例2　串通招投标无效案

A公司在招投标前与招标方B公司对施工范围、工期、计价方式、总价款等内容进行约定，签订了施工合同，A公司被确定为工程的承包人，很明显，双方有串通招投标行为，中标无效。在中标无效的情况下，双方就工程签订建设工程施工合同无效。

【法条指引】

中华人民共和国招标投标法（节录）

第二十五条 投标人是响应招标、参加投标竞争的法人或者其他组织。

依法招标的科研项目允许个人参加投标的，投标的个人适用本法有关投标人的规定。

第二十六条 投标人应当具备承担招标项目的能力；国家有关规定对投标人资格条件或者招标文件对投标人资格条件有规定的，投标人应当具备规定的资格条件。

第二十七条 投标人应当按照招标文件的要求编制投标文件。投标文件应当对招标文件提出的实质性要求和条件作出响应。

招标项目属于建设施工的，投标文件的内容应当包括拟派出的项目负责人与主要技术人员的简历、业绩和拟用于完成招标项目的机械设备等。

第三十一条 两个以上法人或者其他组织可以组成一个联合体，以一个投标人的身份共同投标。

联合体各方均应当具备承担招标项目的相应能力；国家有关规定或者招标文件对投标人资格条件有规定的，联合体各方均应当具备规定的相应资格条件。由同一专业的单位组成的联合体，按照资质等级较低的单位确定资质等级。

联合体各方应当签订共同投标协议，明确约定各方拟承担的工作和责任，并将共同投标协议连同投标文件一并提交招标人。联合体中标的，联合体各方应当共同与招标人签订合同，就中标项目向招标人承担连带责任。

招标人不得强制投标人组成联合体共同投标，不得限制投标人之间的竞争。

第三十二条 投标人不得相互串通投标报价，不得排挤其他投标人的公平竞争，损害招标人或者其他投标人的合法权益。

投标人不得与招标人串通投标，损害国家利益、社会公共利益或者他人的合法权益。

禁止投标人以向招标人或者评标委员会成员行贿的手段谋取中标。

第三十三条 投标人不得以低于成本的报价竞标，也不得以他人名义投标或者以其他方式弄虚作假，骗取中标。

第三节 工程承包的开标、评标和中标

【规则要点】

开标就是招标机构在预先规定的时间将各投标人的投标文件正式启封揭晓。开标应当公开进行。

评标是评标委员会和招标人依据招标文件规定的评标、标准和方法对投标文件进行审查、评审和比较的行为。评标是招标投标程序的重要组成部分，评标应当公开、公平、公正。

中标是招标人依据评标报告和其他必要程序确定中标人，发出中标通知书，即为中标。招标人确定中标人后，向其发出中标通知书，并在规定的时间内与其签订书面合同。

【理解与适用】

一、开标

开标是招标活动中的一项重要程序，开标应当公开进行，公开开标也是招标投标活动中公开原则的重要体现。开标活动就是招标机构在预先规定的时间将各投标人的投标文件正式启封揭晓。

（一）开标的基本规定

开标应当按照招标文件中规定的日期、地点和程序进行开标。开标应当在招标文件确定的提交投标文件截止时间的同一时间公开进行；开标地点应当为招标文件中预先确定的地点。投标人少于 3 人的，不得开标；招标人应当重新招标。

开标由招标人主持，邀请所有投标人参加。开标时，由投标人或者其推选的代表检查投标文件的密封情况，也可以由招标人委托的公证机构检

查并公证；经确认无误后，由工作人员当众拆封，宣读投标人名称、投标价格和投标文件的其他主要内容。招标人在招标文件要求提交投标文件的截止时间前收到的所有投标文件，开标时都应当当众予以拆封、宣读。开标过程应当记录，并存档备查。

（二）开标会议程序

开标会议程序一般如下：

1. 宣布开标会议开始及开标纪律

主持人宣布开标纪律，对参与开标会议的人员提出要求，任何单位和个人不得干扰正常的开标程序。

2. 确认投标人代表是否在场

招标人可以按照招标文件的规定，当场核验参加开标会议的投标人代表的授权委托书和有效身份证件，确认其是否有权参加开标会，并留存授权委托书和身份证件的复印件。

3. 公布接收投标文件情况

招标人当场公布投标截止时间前提交投标文件的投标人名称、投标标包和递交时间等，以及投标人撤回投标情况等。

4. 介绍与会人员

主持人介绍采购人代表、监督人代表，依次宣布开标人、唱标人、记录人、监标人等有关人员。

5. 检查标书的密封情况并确认签字

依据招标文件规定的方式，组织投标人代表检查各自投标文件的密封情况。如果投标文件密封状况与接收时不一致，或者存在拆封痕迹的，采购人或采购代理机构应当终止开标。

6. 资格预审

如果需要进行资格预审，则此时进入资格预审。如无，则直接进入下一步。

7. 宣布开标顺序

主持人宣布开标顺序。一般应按招标文件规定的顺序开标，如按照“先到先开”的顺序，或抽签确定顺序。

8. 唱标

当众拆封投标文件，依次宣读投标人投标文件正本“开标一览表”中的投标人名称、投标报价，以及由招标文件规定的其他必要内容。

9. 宣读标底

如果本次招标设有标底，则应当宣读标底。

10. 宣布会议结束，确认开标记录

开标会议结束、进入评标程序。开标工作人员应完整如实记录以下内容：

（1）开标时间、地点；

（2）招标项目名称；

（3）投标人名称；

（4）密封检查情况；

（5）投标报价；

（6）开标过程中需要说明的其他问题。

采购人代表、投标人代表、监标人、记录人等在开标记录上签字确认，并存档备查。

（三）开标过程中的注意事项

1. 投标人参加开标会议的权利

招标人有邀请所有投标人参加开标会的义务。招标人应当在投标截止时间的同一时间和招标文件规定的开标地点组织公开开标，邀请所有投标人参加开标会议，也可邀请纪律检查机关和审计部门的人员到场进行检查监督。投标人有放弃参加开标会的权利。但是招标人在招标文件中规定投标人必须出席开标会的，投标人应当委派代表出席。

2. 异议

投标人对开标有异议的，应当场提出，招标人应当场核实并予以答复，如发生工作人员或其他失误，应当场纠正。

3. 签字

投标人代表在开标记录上签字确认不是强制性要求。投标人未派代表出席的，视为其认同记录内容。

4. 投标文件的错误及更正

唱标过程中如果投标文件中的报价出现算术错误，按照以下方法更正：

（1）开标唱读内容与投标文件不一致的，以公开唱标为准；

（2）投标文件的大小写金额不一致的，以大写金额为准；

（3）总价金额与单价汇总金额不一致的，以单价金额计算结果为准；

（4）单价金额小数点有明显错位的，应以总价为准，并修改单价。

（5）对不同语言文本投标文件的解释发生异议的，以中文文本为准。

二、评标

评标是评标委员会和招标人依据招标文件规定的评标、标准和方法对投标文件进行审查、评审和比较的行为。评标是招标投标程序的重要组成部分，评标的公开、公平、公正，决定着招标投标活动是否公平和公正。招标人应当采取必要的措施，保证评标在严格保密的情况下进行。任何单位和个人不得非法干预、影响评标的过程和结果。

（一）评标委员会

评标委员会是中国特殊的规定，组建评标委员会的工作应当在招标环节完成。

1. 评标委员会成员组成

评标由招标人依法组建的评标委员会负责。依法必须进行招标的项目，其评标委员会由招标人的代表和有关技术、经济等方面的专家组成。其中，招标人的代表参加评标委员会，可以在评标过程中充分表达招标人的意见，与评标委员会的其他成员进行沟通，并对评标的全过程实施必要的监督。有关技术方面的专家参加评标委员会，对投标文件所提方案的技术上的可行性、合理性、先进性和质量可靠性等技术指标进行评审比较，以确定在技术和质量方面确能满足招标文件要求的投标。有关经济方面的专家对投标文件所报的投标价格、投标方案的运营成本、投标人的财务状况等投标文件的商务条款进行评审比较，以确定在经济上对招标人最有利的投标。另外，根据招标项目的不同情况，招标人还可聘请其他方面的专家参加评标委员会。

有关行政监督部门应当按照规定的职责分工，对评标委员会成员的确定方式、评标专家的抽取和评标活动进行监督。行政监督部门的工作人员不得担任本部门负责监督项目的评标委员会成员。评标委员会成员的名单在中标结果确定前应当保密。

2. 评标委员会成员人数

评审专家成员人数为5人以上单数，其中技术、经济等方面的专家不得少于成员总数的2/3。上述专家应当从事相关领域工作满8年并具有高级职称或者具有同等专业水平，由招标人从国务院有关部门或者省、自治区、直辖市人民政府有关部门提供的专家名册或者招标代理机构的专家库内的相关专业的专家名单中确定；一般招标项目可以采取随机抽取方式，特殊招标项目可以由招标人直接确定。特殊招标项目，是指技术复杂、专业性强或者国家有特殊要求，采取随机抽取方式确定的专家难以保证胜任评标工作的项目。

3. 评标专家库

省级人民政府和国务院有关部门应当组建综合评标专家库。除招标投标法第37条第3款规定的特殊招标项目外，依法必须进行招标的项目，其评标委员会的专家成员应当从评标专家库内相关专业的专家名单中以随机抽取方式确定。任何单位和个人不得以明示、暗示等任何方式指定或者变相指定参加评标委员会的专家成员。

4. 对招标人在评标中的要求

招标人应当向评标委员会提供评标所必需的信息，但不得明示或者暗示其倾向或者排斥特定投标人。

招标人应当根据项目规模和技术复杂程度等因素合理确定评标时间。超过1/3的评标委员会成员认为评标时间不够的，招标人应当适当延长。

评标过程中，评标委员会成员有回避事由、擅离职守或者因健康等原因不能继续评标的，应当及时更换。

5. 对评审委员会成员评标要求

评标委员会成员应当依照招标投标法和招标投标法实施条例的规定，按照招标文件规定的评标标准和方法，客观、公正地对投标文件提出评审意见。招标文件没有规定的评标标准和方法不得作为评标的依据。

评标委员会成员不得私下接触投标人，不得收受投标人给予的财物或者其他好处，不得向招标人征询确定中标人的意向，不得接受任何单位或者个人明示或者暗示提出的倾向或者排斥特定投标人的要求，不得有其他不客观、不公正履行职务的行为。

（二）评审委员会的权限

评标委员会对投标文件中含义不明确的内容、明显文字或者计算错误，认为需要投标人作出必要澄清、说明的，应当书面通知该投标人。投标人的澄清、说明应当采用书面形式，并不得超出投标文件的范围或者改变投标文件的实质性内容。评标委员会不得暗示或者诱导投标人作出澄清、说明，不得接受投标人主动提出的澄清、说明。

评标委员会应当按照招标文件确定的评标标准和方法，对投标文件进行评审和比较；设有标底的，应当参考标底。评标委员会完成评标后，应当向招标人提出书面评标报告，并推荐合格的中标候选人。

存在下列情形之一的，评标委员会应当否决其投标：

（1）投标文件未经投标单位盖章和单位负责人签字；

（2）投标联合体没有提交共同投标协议；

（3）投标人不符合国家或者招标文件规定的资格条件；

（4）同一投标人提交两个以上不同的投标文件或者投标报价，但招标文件要求提交备选投标的除外；

（5）投标报价低于成本或者高于招标文件设定的最高投标限价；

（6）投标文件没有对招标文件的实质性要求和条件作出响应；

（7）投标人有串通投标、弄虚作假、行贿等违法行为。

（三）评标报告及评标结果公示

评标完成后，评标委员会应当向招标人提交书面评标报告和中标候选人名单。中标候选人应当不超过 3 个，并标明排序。评标报告应当由评标委员会全体成员签字。对评标结果有不同意见的评标委员会成员应当以书面形式说明其不同意见和理由，评标报告应当注明该不同意见。评标委员会成员拒绝在评标报告上签字又不书面说明其不同意见和理由的，视为同意评标结果。

投标人或者其他利害关系人对依法必须进行招标的项目的评标结果有异议的，应当在中标候选人公示期间提出。招标人应当自收到异议之日起 3 日内作出答复；作出答复前，应当暂停招标投标活动。

三、中标

中标是严肃的系统工作，招标人依据评标报告和其他必要程序确定中标人，发出中标通知书，即为中标。

招标人确定中标人后，向其发出中标通知书，并在规定的时间内与其签订书面合同。招标人向中标人发出中标通知书的同时，应当将中标结果通知所有未中标的投标人。

（一）中标候选人公示及中标人的确定

依法必须进行招标的项目，招标人应当自收到评标报告之日起 3 日内公示中标候选人，公示期不得少于 3 日。

招标人根据评标委员会提出的书面评标报告和推荐的中标候选人确定中标人。招标人也可以授权评标委员会直接确定中标人。国务院对特定招标项目的评标有特别规定的，从其规定。此处的特别规定，招标投标法实施条例第 55 条作出了相应规定，即：国有资金占控股或者主导地位的依法必须进行招标的项目，招标人应当确定排名第一的中标候选人为中标人。排名第一的中标候选人放弃中标、因不可抗力不能履行合同、不按照招标文件要求提交履约保证金，或者被查实存在影响中标结果的违法行为等情形，不符合中标条件的，招标人可以按照评标委员会提出的中标候选人名单排序依次确定其他中标候选人为中标人，也可以重新招标。

（二）履约能力的审查和中标通知书的发出

中标候选人的经营、财务状况发生较大变化或者存在违法行为，招标人认为可能影响其履约能力的，应当在发出中标通知书前由原评标委员会按照招标文件规定的标准和方法审查确认。

招标人确定中标人后，向其发出中标通知书，并在规定的时间内与其签订书面合同。招标人向中标人发出中标通知书的同时，应当将中标结果通知所有未中标的投标人。

（三）中标条件

中标人的投标应当符合下列条件：

1. 能够最大限度地满足招标文件中规定的各项综合评价标准；

2. 能够满足招标文件的实质性要求，并且经评审的投标价格最低；但是投标价格低于成本的除外。

（四）签订书面合同和提交履约保证金

招标人和中标人应当自中标通知书发出之日起 30 日内，按照招标文件和中标人的投标文件订立书面合同。招标人和中标人不得再行订立背离合同实质性内容的其他协议。招标文件要求中标人提交履约保证金的，中标人应当按照招标文件的要求提交。履约保证金不得超过中标合同金额的 10%。

招标投标法实施条例第 57 条进一步规定，招标人和中标人应当依照招标投标法和本条例的规定签订书面合同，合同的标的、价款、质量、履行期限等主要条款应当与招标文件和中标人的投标文件的内容一致。招标人最迟应当在书面合同签订后 5 日内向中标人和未中标的投标人退还投标保证金及银行同期存款利息。

中标人应当按照合同约定履行义务，完成中标项目。中标人不得向他人转让中标项目，也不得将中标项目肢解后分别向他人转让。

中标人按照合同约定或者经招标人同意，可以将中标项目的部分非主体、非关键性工作分包给他人完成。接受分包的人应当具备相应的资格条件，并不得再次分包。

中标人应当就分包项目向招标人负责，接受分包的人就分包项目承担连带责任。

（五）向有关行政监督部门报告

依法必须进行招标的项目，招标人应当自确定中标人之日起 15 日内，向有关行政监督部门提交招标投标情况的书面报告。

四、开标、评标、中标活动的禁止行为

评标委员会负责招投标活动中的评标工作，在中国招投标活动中起着十分重要的作用。因此，招标投标法对评标委员会作出了相关要求。

招标投标法对评标委员会的要求有以下几个方面：

一是与投标人有利害关系的人不得进入相关项目的评标委员会。

二是评标委员会成员不得私下接触投标人，不得收受投标人的财物或者其他好处。

三是评标委员会成员和参与评标的有关工作人员不得透露对投标文件的评审和比较、中标候选人的推荐情况以及与评标有关的其他情况。

同时，根据招标投标法实施条例的规定，评标委员会成员有下列行为之一的，由有关行政监督部门责令改正；情节严重的，禁止其在一定期限内参加依法必须进行招标的项目的评标；情节特别严重的，取消其担任评

标委员会成员的资格：

（1）应当回避而不回避；

（2）擅离职守；

（3）不按照招标文件规定的评标标准和方法评标；

（4）私下接触投标人；

（5）向招标人征询确定中标人的意向或者接受任何单位或者个人明示或者暗示提出的倾向或者排斥特定投标人的要求；

（6）对依法应当否决的投标不提出否决意见；

（7）暗示或者诱导投标人作出澄清、说明或者接受投标人主动提出的澄清、说明；

（8）其他不客观、不公正履行职务的行为。

【风险提示】

招标项目设有标底的，招标人应当在开标时公布。标底只能作为评标的参考，不得以投标报价是否接近标底作为中标条件，也不得以投标报价超过标底上下浮动范围作为否决投标的条件。

依法必须进行招标的项目的招标人非因招标投标法和招标投标法条例规定的事由，不得更换依法确定的评标委员会成员。评标委员会成员与投标人有利害关系的，应当主动回避。

中标通知书对招标人和中标人具有法律效力。中标通知书发出后，招标人改变中标结果的，或者中标人放弃中标项目的，应当依法承担法律责任。

依法组建的评标委员会的组成人员，在招标等事项的评标活动中，索取他人财物或者非法收受他人财物，为他人谋取利益，数额较大的，依照刑法第 163 条的规定，以非国家工作人员受贿罪定罪处罚。依法组建的评标委员会中国家机关或者其他国有单位的代表有以上行为的，依照刑法第 385 条的规定，以受贿罪定罪处罚。

【法条指引】

中华人民共和国招标投标法（节录）

第三十四条 开标应当在招标文件确定的提交投标文件截止时间的同一时间公开进行；开标地点应当为招标文件中预先确定的地点。

第三十五条 开标由招标人主持，邀请所有投标人参加。

第三十六条 开标时，由投标人或者其推选的代表检查投标文件的密封情况，也可以由招标人委托的公证机构检查并公证；经确认无误后，由工作人员当众拆封，宣读投标人名称、投标价格和投标文件的其他主要内容。

招标人在招标文件要求提交投标文件的截止时间前收到的所有投标文件，开标时都应当当众予以拆封、宣读。

开标过程应当记录，并存档备查。

第三十七条 评标由招标人依法组建的评标委员会负责。

依法必须进行招标的项目，其评标委员会由招标人的代表和有关技术、经济等方面的专家组成，成员人数为五人以上单数，其中技术、经济等方面的专家不得少于成员总数的三分之二。

前款专家应当从事相关领域工作满八年并具有高级职称或者具有同等专业水平，由招标人从国务院有关部门或者省、自治区、直辖市人民政府有关部门提供的专家名册或者招标代理机构的专家库内的相关专业的专家名单中确定；一般招标项目可以采取随机抽取方式，特殊招标项目可以由招标人直接确定。

与投标人有利害关系的人不得进入相关项目的评标委员会；已经进入的应当更换。

评标委员会成员的名单在中标结果确定前应当保密。

第四十一条 中标人的投标应当符合下列条件之一：

（一）能够最大限度地满足招标文件中规定的各项综合评价标准；

（二）能够满足招标文件的实质性要求，并且经评审的投标价格最低；但是投标价格低于成本的除外。

第四十四条 评标委员会成员应当客观、公正地履行职务，遵守职业道德，对所提出的评审意见承担个人责任。

评标委员会成员不得私下接触投标人，不得收受投标人的财物或者其他好处。

评标委员会成员和参与评标的有关工作人员不得透露对投标文件的评审和比较、中标候选人的推荐情况以及与评标有关的其他情况。

第四节 电子招标投标活动

【规则要点】

电子招标投标活动是指以数据电文形式，依托电子招标投标系统完成的全部或者部分招标投标交易、公共服务和行政监督活动。电子招标投标系统根据功能的不同，分为交易平台、公共服务平台和行政监督平台。

依法设立的招标投标交易场所、招标人、招标代理机构以及其他依法设立的法人组织可以按行业、专业类别，建设和运营电子招标投标交易平台。

适用电子平台招标必须遵守《电子招标投标办法》的有关规定。电子开标应当按照招标文件确定的时间，在电子招标投标交易平台上公开进行，所有投标人均应当准时在线参加开标。电子评标应当在有效监控和保密的环境下在线进行。招标人应当通过电子招标投标交易平台，以数据电文形式与中标人签订合同。

电子招标投标活动及相关主体应当自觉接受行政监督部门、监察机关依法实施的监督、监察。电子招标投标活动中，发生违法行为的，相关责任人员应当承担相应的责任。

【理解与适用】

一、电子招标投标活动概述

电子招标投标活动是指以数据电文形式，依托电子招标投标系统完成的全部或者部分招标投标交易、公共服务和行政监督活动。数据电文形式与纸质形式的招标投标活动具有同等法律效力。

电子招标投标系统根据功能的不同，分为交易平台、公共服务平台和行政监督平台。交易平台是以数据电文形式完成招标投标交易活动的信息平台。公共服务平台是满足交易平台之间信息交换、资源共享需要，并为市场主体、行政监督部门和社会公众提供信息服务的信息平台。行政监督平台是行政监督部门和监察机关在线监督电子招标投标活动的信息平台。

电子招标投标活动受有关部门监督管理。国务院发展改革部门负责指导协调全国电子招标投标活动，各级地方人民政府发展改革部门负责指导协调本行政区域内电子招标投标活动。各级人民政府发展改革、工业和信息化、住房城乡建设、交通运输、铁道、水利、商务等部门，按照规定的职责分工，对电子招标投标活动实施监督，依法查处电子招标投标活动中的违法行为。依法设立的招标投标交易场所的监管机构负责督促、指导招标投标交易场所推进电子招标投标工作，配合有关部门对电子招标投标活动实施监督。省级以上人民政府有关部门对本行政区域内电子招标投标系统的建设、运营，以及相关检测、认证活动实施监督。监察机关依法对与电子招标投标活动有关的监察对象实施监察。

二、电子招标投标交易平台

中国鼓励电子招标投标交易平台平等竞争。电子招标投标交易平台应当依照《中华人民共和国认证认可条例》等有关规定进行检测、认证，通过检测、认证的电子招标投标交易平台应当在省级以上电子招标投标公共服务平台上公布。电子招标投标交易平台服务器应当设在中华人民共和国境内。

依法设立的招标投标交易场所、招标人、招标代理机构以及其他依法设立的法人组织可以按行业、专业类别，建设和运营电子招标投标交易平台。

电子招标投标交易平台运营机构应当是依法成立的法人，拥有一定数量的专职信息技术、招标专业人员。交易平台运营机构应当根据国家有关法律法规及技术规范，建立健全电子招标投标交易平台规范运行和安全管理制度，加强监控、检测，及时发现和排除隐患。交易平台运营机构应当采用可靠的身份识别、权限控制、加密、病毒防范等技术，防范非授权操作，保证交易平台的安全、稳定、可靠。交易平台运营机构应当采取有效措施，验证初始录入信息的真实性，并确保数据电文不被篡改、不遗漏和可追溯。

电子招标投标交易平台应当按照技术规范规定，执行统一的信息分类和编码标准，为各类电子招标投标信息的互联互通和交换共享开放数据接口、公布接口要求。交易平台接口应当保持技术中立，与各类需要分离开发的工具软件相兼容对接，不得限制或者排斥符合技术规范规定的工具软件与其对接。

电子招标投标交易平台应当具备下列主要功能：

（1）在线完成招标投标全部交易过程；

（2）编辑、生成、对接、交换和发布有关招标投标数据信息；

（3）提供行政监督部门和监察机关依法实施监督和受理投诉所需的监督通道；

（4）依照有关规定和技术规范规定的其他功能。

电子招标投标交易平台应当允许社会公众、市场主体免费注册登录和获取依法公开的招标投标信息，为招标投标活动当事人、行政监督部门和监察机关按各自职责和注册权限登录使用交易平台提供必要条件。

三、电子招标

招标人或者其委托的招标代理机构应当在其使用的电子招标投标交易平台注册登记，选择使用除招标人或招标代理机构之外第三方运营的电子招标投标交易平台的，还应当与电子招标投标交易平台运营机构签订使用合同，明确服务内容、服务质量、服务费用等权利和义务，并对服务过程中相关信息的产权归属、保密责任、存档等依法作出约定。

招标人或者其委托的招标代理机构应当在资格预审公告、招标公告或者投标邀请书中载明潜在投标人访问电子招标投标交易平台的网络地址和方法。依法必须进行公开招标项目的上述相关公告应当在电子招标投标交易平台和国家指定的招标公告媒介同步发布。

招标人或者其委托的招标代理机构应当及时将数据电文形式的资格预审文件、招标文件加载至电子招标投标交易平台，供潜在投标人下载或者查阅。数据电文形式的资格预审公告、招标公告、资格预审文件、招标文件等应当标准化、格式化，并符合有关法律法规以及国家有关部门颁发的标准文本的要求。

除《电子招标投标办法》规定的注册登记外，任何单位和个人不得在招标投标活动中设置注册登记、投标报名等前置条件限制潜在投标人下载资格预审文件或者招标文件。

在投标截止时间前，电子招标投标交易平台运营机构不得向招标人或者其委托的招标代理机构以外的任何单位和个人泄露下载资格预审文件、招标文件的潜在投标人名称、数量以及可能影响公平竞争的其他信息。

招标人对资格预审文件、招标文件进行澄清或者修改的，应当通过电子招标投标交易平台以醒目的方式公告澄清或者修改的内容，并以有效方式通知所有已下载资格预审文件或者招标文件的潜在投标人。

四、电子投标

电子投标是以数据电文形式完成的投标活动。电子投标是部分或者全部抛弃纸质文件，借助计算机和网络完成招标投标活动。

投标人应当在资格预审公告、招标公告或者投标邀请书载明的电子招标投标交易平台注册登记，如实递交有关信息，并经电子招标投标交易平台运营机构验证。

投标人应当通过资格预审公告、招标公告或者投标邀请书载明的电子招标投标交易平台递交数据电文形式的资格预审申请文件或者投标文件。

电子招标投标交易平台应当允许投标人离线编制投标文件，并且具备分段或者整体加密、解密功能。投标人应当按照招标文件和电子招标投标交易平台的要求编制并加密投标文件。投标人未按规定加密的投标文件，电子招标投标交易平台应当拒收并提示。

投标人应当在投标截止时间前完成投标文件的传输递交，并可以补充、修改或者撤回投标文件。投标截止时间前未完成投标文件传输的，视为撤回投标文件。投标截止时间后送达的投标文件，电子招标投标交易平台应当拒收。

电子招标投标交易平台收到投标人送达的投标文件，应当即时向投标人发出确认回执通知，并妥善保存投标文件。在投标截止时间前，除投标人补充、修改或者撤回投标文件外，任何单位和个人不得解密、提取投标文件。

资格预审申请文件的编制、加密、递交、传输、接收确认等，适用《电子招标投标办法》关于投标文件的规定。

五、电子开标、评标和中标

电子开标、评标和中标是非常重要的活动。电子开标应当按照招标文件确定的时间，在电子招标投标交易平台上公开进行，所有投标人均应当准时在线参加开标。电子评标应当在有效监控和保密的环境下在线进行。招标人应当通过电子招标投标交易平台，以数据电文形式与中标人签订合同。

（一）电子开标

开标时，电子招标投标交易平台自动提取所有投标文件，提示招标人和投标人按招标文件规定方式按时在线解密。解密全部完成后，应当向所有投标人公布投标人名称、投标价格和招标文件规定的其他内容。因投标人原因造成投标文件未解密的，视为撤销其投标文件；因投标人之外的原因造成投标文件未解密的，视为撤回其投标文件，投标人有权要求责任方赔偿因此遭受的直接损失。部分投标文件未解密的，其他投标文件的开标可以继续进行。

电子招标投标交易平台应当生成开标记录并向社会公众公布，但依法应当保密的除外。

另外，针对数据电文的特殊性，《电子招标投标办法》规定，招标人可以在招标文件中明确投标文件解密失败的补救方案，投标文件应按照招标文件的要求作出响应。

（二）电子评标

根据国家规定应当进入依法设立的招标投标交易场所的招标项目，评标委员会成员应当在依法设立的招标投标交易场所登录招标项目所使用的电子招标投标交易平台进行评标。

评标中需要投标人对投标文件澄清或者说明的，招标人和投标人应当通过电子招标投标交易平台交换数据电文。

评标委员会完成评标后，应当通过电子招标投标交易平台向招标人提交数据电文形式的评标报告。

招标人确定中标人后，应当通过电子招标投标交易平台以数据电文形式向中标人发出中标通知书，并向未中标人发出中标结果通知书。

（三）电子中标

中国鼓励招标人、中标人等相关主体及时通过电子招标投标交易平台递交和公布中标合同履行情况的信息。

投标人或者其他利害关系人依法对资格预审文件、招标文件、开标和评标结果提出异议，以及招标人答复，均应当通过电子招标投标交易平台进行。

招标投标活动中的下列数据电文应当按照《中华人民共和国电子签名法》和招标文件的要求进行电子签名并进行电子存档：

（1）资格预审公告、招标公告或者投标邀请书；

（2）资格预审文件、招标文件及其澄清、补充和修改；

（3）资格预审申请文件、投标文件及其澄清和说明；

（4）资格审查报告、评标报告；

（5）资格预审结果通知书和中标通知书；

（6）合同；

（7）国家规定的其他文件。

进行电子招投标时，依法必须进行招标的项目中标候选人和中标结果应当在电子招标投标交易平台进行公示和公布。

六、信息共享与公共服务

电子招标投标交易平台应当依法及时公布下列主要信息：

（1）招标人名称、地址、联系人及联系方式；

（2）招标项目名称、内容范围、规模、资金来源和主要技术要求；

（3）招标代理机构名称、资格、项目负责人及联系方式；

（4）投标人名称、资质和许可范围、项目负责人；

（5）中标人名称、中标金额、签约时间、合同期限；

（6）国家规定的公告、公示和技术规范规定公布和交换的其他信息。

中国鼓励招标投标活动当事人通过电子招标投标交易平台公布项目完成质量、期限、结算金额等合同履行情况。

各级人民政府有关部门应当按照《中华人民共和国政府信息公开条例》等规定，在本部门网站及时公布并允许下载下列信息：

（1）有关法律法规规章及规范性文件；

（2）取得相关工程、服务资质证书或货物生产、经营许可证的单位名称、营业范围及年检情况；

（3）取得有关职称、职业资格的从业人员的姓名、电子证书编号；

（4）对有关违法行为作出的行政处理决定和招标投标活动的投诉处理情况；

（5）依法公开的工商、税务、海关、金融等相关信息。

电子招标投标公共服务平台应当具备下列主要功能：

（1）链接各级人民政府及其部门网站，收集、整合和发布有关法律法规规章及规范性文件、行政许可、行政处理决定、市场监管和服务的相关信息；

（2）连接电子招标投标交易平台、国家规定的公告媒介，交换、整合和发布有关信息；

（3）连接依法设立的评标专家库，实现专家资源共享；

（4）支持不同电子认证服务机构数字证书的兼容互认；

（5）提供行政监督部门和监察机关依法实施监督、监察所需的监督通道；

（6）整合分析相关数据信息，动态反映招标投标市场运行状况、相关市场主体业绩和信用情况。

属于依法必须公开的信息，公共服务平台应当无偿提供。

电子招标投标交易平台应当做到以下几点：

一是应当依法在任一电子招标投标公共服务平台注册登记，并向电子招标投标公共服务平台及时提供相关信息，以及双方协商确定的其他信息。

二是应当依法开放数据接口、公布接口要求，与电子招标投标交易平台及时交换招标投标活动所必需的信息，以及双方协商确定的其他信息。

三是应当依法开放数据接口、公布接口要求，与上一层级电子招标投标公共服务平台连接并注册登记，及时交换相关信息，以及双方协商确定的其他信息。

四是应当允许社会公众、市场主体免费注册登录和获取依法公开的招标投标信息，为招标人、投标人、行政监督部门和监察机关按各自职责和注册权限登录使用公共服务平台提供必要条件。

设区的市级以上人民政府发展改革部门会同有关部门，按照政府主导、共建共享、公益服务的原则，推动建立本地区统一的电子招标投标公共服务平台，为电子招标投标交易平台、招标投标活动当事人、社会公众和行政监督部门、监察机关提供信息服务。

七、电子招标投标活动的监督管理

电子招标投标活动及相关主体应当自觉接受行政监督部门、监察机关依法实施的监督、监察。

行政监督部门、监察机关结合电子政务建设，提升电子招标投标监督能力，依法设置并公布有关法律法规规章、行政监督的依据、职责权限、监督环节、程序和时限、信息交换要求和联系方式等相关内容。

电子招标投标交易平台和公共服务平台应当依法向行政监督平台开放数据接口、公布接口要求，按有关规定及时对接交换和公布有关招标投标信息。

行政监督平台应当开放数据接口，公布数据接口要求，不得限制和排斥已通过检测认证的电子招标投标交易平台和公共服务平台与其对接交换信息。

电子招标投标交易平台应当依法设置电子招标投标工作人员的职责权限，如实记录招标投标过程、数据信息来源，以及每一操作环节的时间、网络地址和工作人员，并具备电子归档功能。

电子招标投标公共服务平台应当记录和公布相关交换数据信息的来源、时间并进行电子归档备份。

任何单位和个人不得伪造、篡改或者损毁电子招标投标活动信息。

行政监督部门、监察机关及其工作人员，除依法履行职责外，不得干预电子招标投标活动，并遵守有关信息保密的规定。

行政监督部门和监察机关在依法监督检查招标投标活动或者处理投诉时，通过其平台发出的行政监督或者行政监察指令，招标投标活动当事人和电子招标投标交易平台、公共服务平台的运营机构应当执行，并如实提供相关信息，协助调查处理。

投标人或者其他利害关系人认为电子招标投标活动不符合有关规定

的，通过相关行政监督平台进行投诉。

八、法律责任

电子招标投标活动中，发生违法行为的，相关责任人员应当承担相应的责任。

电子招标投标系统有下列情形的，责令改正；拒不改正的，不得交付使用，已经运营的应当停止运营。

（1）不具备电子招标投标办法及技术规范规定的主要功能；

（2）不向行政监督部门和监察机关提供监督通道；

（3）不执行统一的信息分类和编码标准；

（4）不开放数据接口、不公布接口要求；

（5）不按照规定注册登记、对接、交换、公布信息；

（6）不满足规定的技术和安全保障要求；

（7）未按照规定通过检测和认证。

招标人或者电子招标投标系统运营机构存在以下情形的，视为限制或者排斥潜在投标人，依照招标投标法第 51 条规定处罚：

（1）利用技术手段对享有相同权限的市场主体提供有差别的信息；

（2）拒绝或者限制社会公众、市场主体免费注册并获取依法必须公开的招标投标信息；

（3）违规设置注册登记、投标报名等前置条件；

（4）故意与各类需要分离开发并符合技术规范规定的工具软件不兼容对接；

（5）故意对递交或者解密投标文件设置障碍。

电子招标投标交易平台运营机构有下列情形的，责令改正，并按照有关规定处罚：

（1）违反规定要求投标人注册登记、收取费用；

（2）要求投标人购买指定的工具软件；

（3）其他侵犯招标投标活动当事人合法权益的情形。

电子招标投标系统运营机构向他人透露已获取招标文件的潜在投标人的名称、数量、投标文件内容或者对投标文件的评审和比较以及其他可能影响公平竞争的招标投标信息，参照招标投标法第 52 条关于招标人泄密的规定予以处罚。

招标投标活动当事人和电子招标投标系统运营机构协助招标人、投标人串通投标的，依照招标投标法第53条和招标投标法实施条例第67条规定处罚。

招标投标活动当事人和电子招标投标系统运营机构伪造、篡改、损毁招标投标信息，或者以其他方式弄虚作假的，依照招标投标法第54条和招标投标法实施条例第68条规定处罚。

电子招标投标系统运营机构未按照电子招标投标办法和技术规范规定履行初始录入信息验证义务，造成招标投标活动当事人损失的，应当承担相应的赔偿责任。有关行政监督部门及其工作人员不履行职责，或者利用职务便利非法干涉电子招标投标活动的，依照有关法律法规处理。

交易平台运营机构不得以任何手段限制或者排斥潜在投标人，不得泄露依法应当保密的信息，不得弄虚作假、串通投标或者为弄虚作假、串通投标提供便利。

电子招标投标交易平台运营机构不得以技术和数据接口配套为由，要求潜在投标人购买指定的工具软件。

电子招标投标交易平台的运营机构，以及与该机构有控股或者管理关系可能影响招标公正性的任何单位和个人，不得在该交易平台进行的招标项目中投标和代理投标。

【法条指引】

电子招标投标办法（节录）

第二条 在中华人民共和国境内进行电子招标投标活动，适用本办法。

本办法所称电子招标投标活动是指以数据电文形式，依托电子招标投标系统完成的全部或者部分招标投标交易、公共服务和行政监督活动。

数据电文形式与纸质形式的招标投标活动具有同等法律效力。

第五条 电子招标投标交易平台按照标准统一、互联互通、公开透明、安全高效的原则以及市场化、专业化、集约化方向建设和运营。

第六条 依法设立的招标投标交易场所、招标人、招标代理机构以及其他依法设立的法人组织可以按行业、专业类别，建设和运营电子招标投标交易平台。国家鼓励电子招标投标交易平台平等竞争。

第十六条第一款 招标人或者其委托的招标代理机构应当在其使用的电子招标投标交易平台注册登记，选择使用除招标人或招标代理机构之外第三方运营的电子招标投标交易平台的，还应当与电子招标投标交易平台运营机构签订使用合同，明确服务内容、服务质量、服务费用等权利和义务，并对服务过程中相关信息的产权归属、保密责任、存档等依法作出约定。

第二十四条 投标人应当在资格预审公告、招标公告或者投标邀请书载明的电子招标投标交易平台注册登记，如实递交有关信息，并经电子招标投标交易平台运营机构验证。

第二十九条 电子开标应当按照招标文件确定的时间，在电子招标投标交易平台上公开进行，所有投标人均应当准时在线参加开标。

第三十三条 电子评标应当在有效监控和保密的环境下在线进行。

根据国家规定应当进入依法设立的招标投标交易场所的招标项目，评标委员会成员应当在依法设立的招标投标交易场所登录招标项目所使用的电子招标投标交易平台进行评标。

评标中需要投标人对投标文件澄清或者说明的，招标人和投标人应当通过电子招标投标交易平台交换数据电文。

第四十二条 各级人民政府有关部门应当按照《中华人民共和国政府信息公开条例》等规定，在本部门网站及时公布并允许下载下列信息：

（一）有关法律法规规章及规范性文件；

（二）取得相关工程、服务资质证书或货物生产、经营许可证的单位名称、营业范围及年检情况；

（三）取得有关职称、职业资格的从业人员的姓名、电子证书编号；

（四）对有关违法行为作出的行政处理决定和招标投标活动的投诉处理情况；

（五）依法公开的工商、税务、海关、金融等相关信息。

第四十九条 电子招标投标交易平台应当依法设置电子招标投标工作人员的职责权限，如实记录招标投标过程、数据信息来源，以及每一操作环节的时间、网络地址和工作人员，并具备电子归档功能。

电子招标投标公共服务平台应当记录和公布相关交换数据信息的来源、时间并进行电子归档备份。

任何单位和个人不得伪造、篡改或者损毁电子招标投标活动信息。

第五十三条　电子招标投标系统有下列情形的，责令改正；拒不改正的，不得交付使用，已经运营的应当停止运营。

（一）不具备本办法及技术规范规定的主要功能；

（二）不向行政监督部门和监察机关提供监督通道；

（三）不执行统一的信息分类和编码标准；

（四）不开放数据接口、不公布接口要求；

（五）不按照规定注册登记、对接、交换、公布信息；

（六）不满足规定的技术和安全保障要求；

（七）未按照规定通过检测和认证。

第三章

工程招标投标活动的无效行为及法律责任

招标投标法实施条例第81条规定，依法必须进行招标的项目的招标投标活动违反招标投标法和本条例的规定，对中标结果造成实质性影响，且不能采取补救措施予以纠正的，招标、投标、中标无效，应当依法重新招标或者评标。

可能导致招标投标活动无效的行为，如果在中标通知书发出前发现并被查实，责令改正，重新评标；如果在中标通知书发出后发现并被查实，且对中标结果造成实质性影响的，中标无效。招标、投标和中标被确认无效后，还应当返还财产或者赔偿损失。

认定招标无效、投标无效、中标无效的，应当满足3个条件：一是存在违法行为，也就是依法必须进行招标项目的招标投标活动违反了招标投标法和招标投标法实施条例的规定。二是对中标结果造成实质性影响。三是不能采取措施予以纠正。

第一节　工程招标投标活动的无效行为

【规则要点】

招标无效是指因招标活动违反法律法规规定而导致无效。招标被确认无效的，依法必须招标的项目的招标人应当重新招标。

投标无效是指因投标活动违反法律法规规定而导致无效。发现投标行为无效，如果在评标过程中，投标应当被否决；如果在中标候选人公示阶段，应当取消中标资格；如果已发出中标通知书的，中标无效。

评标无效就是指评审结论无效。评标无效行为如果是在中标通知书发出前发现并被查实的，责令改正，重新评标；如果是在中标通知书发出后发现并查实，且对中标结果造成实质性影响的，中标无效。

中标无效是指中标结果无效。中标被确认无效的，可以由招标人在评标委员会推荐的符合条件的其他中标候选人中重新确定中标人。

【理解与适用】

一、招标无效

招标无效是指因招标活动违反法律法规规定而导致无效。招标被确认无效的，依法必须招标的项目的招标人应当重新招标。

招标无效行为主要有以下情形：

（1）未在国家指定媒介发布资格预审公告和招标公告，或者在不同媒介发布的同一招标项目的公告内容不一致。

（2）应当公开招标而邀请招标。

（3）邀请招标不依法发出投标邀请书。

（4）资格预审文件、招标文件发售时间不符合法定要求，也就是自招标文件或资格预审文件出售之日起至停止出售之日止，少于5日的。

（5）依法必须招标的项目，自招标文件开始发出之日起至提交投标文件截止之日止，少于20日的。

（6）不具备招标条件而进行招标的。

（7）应当履行核准手续而未履行的。

（8）不按项目审批部门核准内容进行招标的。

（9）在提交投标文件截止时间后接收投标文件的。

（10）投标人数量不符合法定要求而不重新招标的。

（11）不按照资格预审文件载明的标准和方法进行资格预审，或者资格审查委员会的组建不符合法定要求。

（12）招标人或者招标代理机构限制排斥潜在招标人。

（13）招标人或者招标代理机构向他人透露已获取招标文件的潜在投标人的名称、数量或者可能影响公平竞争的有关招标投标的其他情况，或者泄露标底。

(14) 招标人或者招标代理机构与投标人串通。

招标违法行为，如果在投标截止前发现的，责令改正并顺延投标截止时间。如果在投标截止后被发现和查实，且对中标结果造成实质性影响的，招标无效。

二、投标无效

投标无效是指因投标活动违反法律法规规定而导致无效。发现投标行为无效，如果在评标过程中，投标应当被否决；如果在中标候选人公示阶段，应当取消中标资格；如果已发出中标通知书的，中标无效。

招标投标法规定了中标无效，招标投标法实施条例增加规定了投标无效。根据招标投标法实施条例的规定，投标无效主要有以下几种情形：

一是与招标人存在利害关系可能影响招标公正性的法人、其他组织或者个人，不得参加投标。单位负责人为同一人或者存在控股、管理关系的不同单位，不得参加同一标段投标或者未划分标段的同一招标项目投标。如果违反上述规定参加投标，相关投标均无效。

二是招标人接受联合体投标并进行资格预审的，联合体应当在提交资格预审申请文件前组成。资格预审后联合体增减、更换成员的，其投标无效。联合体各方在同一招标项目中以自己名义单独投标或者参加其他联合体投标的，相关投标均无效。

三是投标人发生合并、分立、破产等重大变化的，应当及时书面告知招标人。投标人不再具备资格预审文件、招标文件规定的资格条件或者其投标影响招标公正性的，其投标无效。

除上述规定外，可能导致投标无效的其他违法行为主要有以下几种情形：

一是串通投标；

二是以他人名义投标的弄虚作假行为；

三是向招标人或者评标委员会成员行贿；

四是发生重大变化而不按照招标投标法实施条例规定告知招标人；

五是受到财产被查封、冻结或者被责令停产停业、吊销营业执照、取消投标资格等处罚的其他违法行为。

另外，2017 年 10 月 1 日起施行的《政府采购货物和服务招标投标管理办法》第 60 条明确规定：评标委员会认为投标人的报价明显低于其他通过符合性审查投标人的报价，有可能影响产品质量或者不能诚信履约的，应当要求其在评标现场合理的时间内提供书面说明，必要时提交相关证明材料；投标人不能证明其报价合理性的，评标委员会应当将其作为无效投标处理。

三、评标无效

评标无效就是指评审结论无效。认定评标无效的，应当满足 3 个条件：一是存在违法行为，也就是依法必须进行招标项目的招标投标活动违反了招标投标法和招标投标法实施条例的规定。二是对中标结果造成实质性影响。三是不能采取措施予以纠正。

评标无效主要有以下情形：

1. 根据招标投标法实施条例第 48 条的规定，评标过程中，评标委员会成员有回避事由、擅离职守或者因健康等原因不能继续评标的，应当及时更换。被更换的评标委员会成员作出的评审结论无效，由更换后的评标委员会成员重新进行评审。

2. 根据招标投标法实施条例第 70 条的规定，违法确定或者更换的评标委员会成员作出的评审结论无效。

3. 根据《评标专家和评标专家库管理暂行办法》第 15 条的规定，因评标过程中的行为可能造成原审评审结论无效的情形有：

（1）应当回避而不回避；

（2）擅离职守；

（3）不按照招标文件规定的评标标准和方法评标；

（4）私下接触投标人；

（5）向招标人征询确定中标人的意向或者接受任何单位或者个人明示或者暗示提出的倾向或者排斥特定投标人的要求；

（6）对依法应当否决的投标不提出否决意见；

（7）暗示或者诱导投标人作出澄清、说明或者接受投标人主动提出的澄清、说明；

（8）其他不客观、不公正履行职务的行为。

4.《评标专家和评标专家库管理暂行办法》第 17 条第 2 款规定：“政府投资项目的招标人或其委托的招标代理机构不遵守本办法第五条的规定，不从政府或者政府有关部门组建的评标专家库中抽取专家的，评标无效；……”

评标无效行为如果是在中标通知书发出前发现并被查实的，责令改正，重新评标；如果是在中标通知书发出后发现并查实，且对中标结果造成实质性影响的，中标无效。

四、中标无效

中标无效是指中标结果无效。中标被确认无效的，可以由招标人在评标委员会推荐的符合条件的其他中标候选人中重新确定中标人，而无须重新组织评标或者重新招标。

中标无效的情形主要有以下 6 种。

一是违规代理导致的无效。

根据招标投标法第 50 条的规定，招标代理机构违反本法规定，泄露应当保密的与招标投标活动有关的情况和资料的，或者与招标人、投标人串通损害国家利益、社会公共利益或者他人合法权益，影响中标结果的，中标无效。

二是招标人泄露相关信息导致的无效。

根据招标投标法第 52 条的规定，依法必须进行招标的项目的招标人向他人透露已获取招标文件的潜在投标人的名称、数量或者可能影响公平竞争的有关招标投标的其他情况的，或者泄露标底，影响中标结果的，中标无效。

三是串通投标导致的无效。

根据招标投标法第 53 条的规定，投标人相互串通投标或者与招标人串通投标的，投标人以向招标人或者评标委员会成员行贿的手段谋取中标，中标无效。

四是弄虚作假导致无效。

根据招标投标法第 54 条的规定，投标人以他人名义投标或者以其他方式弄虚作假，骗取中标的，中标无效。

五是违法谈判导致的无效。

根据招标投标法第55条的规定，依法必须进行招标的项目，招标人违反本法规定，与投标人就投标价格、投标方案等实质性内容进行谈判，影响中标结果的，中标无效。

六是违法确定中标人导致的无效。

根据招标投标法第57条的规定，招标人在评标委员会依法推荐的中标候选人以外确定中标人的，依法必须进行招标的项目在所有投标被评标委员会否决后自行确定中标人的，中标无效。

【风险提示】

对于非必须进行招标的项目，如果履行了招投标程序，招投标双方对实质性内容进行谈判影响中标结果的，中标依然无效。此时，可以认定双方之间恶意串通，损害了其他投标人的利益，中标应为无效，所签合同亦为无效。

【相关案例】

在确定中标人前进行实质性谈判案

Z公司对其开发的某工程项目进行招标，H公司虽然通过公开招投标的形式取得了承包权，但双方在招投标前就对工程项目的工程价款、开竣工日期、质量标准、工程款支付、违约责任等承发包事项的实质性内容进行了具体磋商，并签订了《工程施工合同》。双方的行为违反了招标投标法第43条、第55条的强制性规定。因此，H公司此处中标的行为无效。

【法条指引】

中华人民共和国招标投标法（节录）

第五十二条　依法必须进行招标的项目的招标人向他人透露已获取招标文件的潜在投标人的名称、数量或者可能影响公平竞争的有关招标投标的其他情况的，或者泄露标底的，给予警告，可以并处一万元以上十万元以下的罚款；对单位直接负责的主管人员和其他直接责任人员依法给予处分；构成犯罪的，依法追究刑事责任。

前款所列行为影响中标结果的，中标无效。

中华人民共和国招标投标法实施条例（节选）

第三十四条 与招标人存在利害关系可能影响招标公正性的法人、其他组织或者个人，不得参加投标。

单位负责人为同一人或者存在控股、管理关系的不同单位，不得参加同一标段投标或者未划分标段的同一招标项目投标。

违反前两款规定的，相关投标均无效。

第七十条第一款 依法必须进行招标的项目的招标人不按照规定组建评标委员会，或者确定、更换评标委员会成员违反招标投标法和本条例规定的，由有关行政监督部门责令改正，可以处10万元以下的罚款，对单位直接负责的主管人员和其他直接责任人员依法给予处分；违法确定或者更换的评标委员会成员作出的评审结论无效，依法重新进行评审。

第八十一条 依法必须进行招标的项目的招标投标活动违反招标投标法和本条例的规定，对中标结果造成实质性影响，且不能采取补救措施予以纠正的，招标、投标、中标无效，应当依法重新招标或者评标。

第二节 工程招标投标活动的异议与投诉

【规则要点】

投标人或者其他利害关系人认为自己的合法权利受到侵害的，可以依法提起异议。异议是投标人或者其他利害关系人享有的救济权利。投标人和其他利害关系人认为招标投标活动不符合招标投标法有关规定的，有权向招标人提出异议或者依法向有关行政监督部门投诉。

【理解与适用】

一、关于异议的规定

异议是投标人或者其他利害关系人的救济权利。异议使招标人组织的招投标活动置于所有投标人以及其他利害关系人的监督下，投标人或者其他利害关系人认为自己的合法权利受到侵害的，可以依法提起异议。

潜在投标人或者其他利害关系人对资格预审文件有异议的，应当在提交资格预审申请文件截止时间 2 日前提出；对招标文件有异议的，应当在投标截止时间 10 日前提出。招标人应当自收到异议之日起 3 日内作出答复；作出答复前，应当暂停招标投标活动。

投标人对开标有异议的，应当在开标现场提出，招标人应当当场作出答复，并制作记录。

投标人或者其他利害关系人对依法必须进行招标的项目的评标结果有异议的，应当在中标候选人公示期间提出。招标人应当自收到异议之日起 3 日内作出答复；作出答复前，应当暂停招标投标活动。

二、关于投诉的规定

投标人和其他利害关系人认为招标投标活动不符合招标投标法有关规定的，有权向招标人提出异议或者依法向有关行政监督部门投诉。

投标人或者其他利害关系人认为招标投标活动不符合法律、行政法规规定的，可以自知道或者应当知道之日起 10 日内向有关行政监督部门投诉。投诉应当有明确的请求和必要的证明材料。就资格预审文件、招标文件、开标和评标结果的投诉的，应当先向招标人提出异议，异议答复期间不计算在前款规定的期限内。

投诉人就同一事项向两个以上有权受理的行政监督部门投诉的，由最先收到投诉的行政监督部门负责处理。行政监督部门应当自收到投诉之日起 3 个工作日内决定是否受理投诉，并自受理投诉之日起 30 个工作日内作出书面处理决定；需要检验、检测、鉴定、专家评审的，所需时间不计算在内。投诉人捏造事实、伪造材料或者以非法手段取得证明材料进行投诉的，行政监督部门应当予以驳回。

行政监督部门处理投诉，有权查阅、复制有关文件、资料，调查有关情况，相关单位和人员应当予以配合。必要时，行政监督部门可以责令暂停招标投标活动。行政监督部门的工作人员对监督检查过程中知悉的国家秘密、商业秘密，应当依法予以保密。

另外，根据招标投标法实施条例规定，投标人或者其他利害关系人捏造事实、伪造材料或者以非法手段取得证明材料进行投诉，给他人造成损失的，依法承担赔偿责任。招标人不按照规定对异议作出答复，继续进行招标投标活动的，由有关行政监督部门责令改正，拒不改正或者不能改正并影响中标结果的，依照有关规定重新招标或者评标。

招标投标法实施条例第 60 条规定："投标人或者其他利害关系人认为招标投标活动不符合法律、行政法规规定的，可以自知道或者应当知道之日起 10 日内向有关行政监督部门投诉。投诉应当有明确的请求和必要的证明材料。就本条例第二十二条、第四十四条、第五十四条规定事项投诉的，应当先向招标人提出异议，异议答复期间不计算在前款规定的期限内。"由该法律规定可以得知，对于资格预审文件、招标文件、开标和评标结果的投诉，必须首先经过异议。除此之外，投标人或者其他利害关系人可以直接提出投诉。

【风险提示】

投标人或者其他利害关系人提出异议必须注意异议的时效规定，否则很难维护自己的合法权益。

【法条指引】

中华人民共和国招标投标法（节录）

第六十五条 投标人和其他利害关系人认为招标投标活动不符合本法有关规定的，有权向招标人提出异议或者依法向有关行政监督部门投诉。

第三节　工程招标投标活动违法行为的法律责任

【规则要点】

在招标活动中，不管是招标人、投标人，还是招标代理机构、评标委员会成员，如果有违法行为的，依法应当承担相应的民事责任、行政责任甚至刑事责任。

【理解与适用】

一、招标人违法行为应承担的法律责任

如果招标人有违法行为，可能需要承担民事责任、行政责任甚至刑事责任。

1. 招标人必须进行招标的项目而不招标的，或者将必须进行招标的项目化整为零的，或者以其他任何方式规避招标的，责令限期改正，可以处项目合同金额5‰以上10‰以下的罚款；对全部或者部分使用国有资金的项目，可以暂停项目执行或者暂停资金拨付；对单位直接负责的主管人员和其他直接责任人员依法给予处分。依法必须进行招标的项目的招标人不按照规定发布资格预审公告或者招标公告，构成规避招标的，依照招标投标法第49条的规定处罚。

2. 招标人以不合理的条件限制或者排斥潜在投标人的，对潜在投标人实行歧视待遇的，强制要求投标人组成联合体共同投标的，或者限制投标人之间竞争的，责令改正，可以处1万元以上5万元以下的罚款。

招标投标法实施条例进一步规定，招标人有下列限制或者排斥潜在投标人行为之一的，由有关行政监督部门依照招标投标法第51条的规定处罚：

（1）依法应当公开招标的项目不按照规定在指定媒介发布资格预审公告或者招标公告；

（2）在不同媒介发布的同一招标项目的资格预审公告或者招标公告的

内容不一致，影响潜在投标人申请资格预审或者投标。

3. 招标人有以下违法招标行为的，由有关行政监督部门责令改正，可以处10万元以下的罚款。

（1）依法应当公开招标而采用邀请招标；

（2）招标文件、资格预审文件的发售、澄清、修改的时限，或者确定的提交资格预审申请文件、投标文件的时限不符合招标投标法及其实施条例规定；

（3）接受未通过资格预审的单位或者个人参加投标；

（4）接受应当拒收的投标文件。

招标人有上述（1）（3）（4）所列行为之一的，对单位直接负责的主管人员和其他直接责任人员依法给予处分。

4. 招标人超过规定的比例收取投标保证金、履约保证金或者不按照规定退还投标保证金及银行同期存款利息的，由有关行政监督部门责令改正，可以处5万元以下的罚款；给他人造成损失的，依法承担赔偿责任。

5. 依法必须进行招标的项目的招标人向他人透露已获取招标文件的潜在投标人的名称、数量或者可能影响公平竞争的有关招标投标的其他情况的，或者泄露标底的，给予警告，可以并处1万元以上10万元以下的罚款；对单位直接负责的主管人员和其他直接责任人员依法给予处分；构成犯罪的，依法追究刑事责任。上述行为影响中标结果的，中标无效。

6. 依法必须进行招标的项目，招标人违法与投标人就投标价格、投标方案等实质性内容进行谈判的，给予警告，对单位直接负责的主管人员和其他直接责任人员依法给予处分。上述行为影响中标结果的，中标无效。

7. 招标人在评标委员会依法推荐的中标候选人以外确定中标人的，依法必须进行招标的项目在所有投标被评标委员会否决后自行确定中标人的，中标无效，责令改正，可以处中标项目金额5‰以上10‰以下的罚款；对单位直接负责的主管人员和其他直接责任人员依法给予处分。

8. 依法必须进行招标的项目的招标人不按照规定组建评标委员会，或者确定、更换评标委员会成员违反招标投标法及其实施条例规定的，由有关行政监督部门责令改正，可以处10万元以下的罚款，对单位直接负责的主管人员和其他直接责任人员依法给予处分；违法确定或者更换的评标委员会成员作出的评审结论无效，依法重新进行评审。

9. 招标人与中标人不按照招标文件和中标人的投标文件订立合同的，或者招标人、中标人订立背离合同实质性内容的协议的，责令改正；可以处中标项目金额5‰以上10‰以下的罚款。

10. 依法必须进行招标的项目的招标人有下列情形之一的，由有关行政监督部门责令改正，可以处中标项目金额10‰以下的罚款；给他人造成损失的，依法承担赔偿责任；对单位直接负责的主管人员和其他直接责任人员依法给予处分：

（1）无正当理由不发出中标通知书；

（2）不按照规定确定中标人；

（3）中标通知书发出后无正当理由改变中标结果；

（4）无正当理由不与中标人订立合同；

（5）在订立合同时向中标人提出附加条件。

招标人向他人透露招标文件的重要内容或可能影响公平竞争的有关招标投标的其他情况，如泄露评标专家委员会成员的或是泄露标底并造成重大损失的，招标人构成侵犯商业秘密，处3年以下有期徒刑或者拘役，造成特别严重后果的，处3年以上7年以下有期徒刑，并处罚金。

二、招标代理机构违法行为应承担的法律责任

如果招标代理机构有违法行为，可能需要承担民事责任、行政责任甚至刑事责任。

1. 招标代理机构泄露应当保密的与招标投标活动有关的情况和资料的，或者与招标人、投标人串通损害国家利益、社会公共利益或者他人合法权益的，处5万元以上25万元以下的罚款；对单位直接负责的主管人员和其他直接责任人员处单位罚款数额5%以上10%以下的罚款；有违法所得的，并处没收违法所得；情节严重的，禁止其1年至2年内代理依法必须进行招标的项目并予以公告，直至由工商行政管理机关吊销营业执照；构成犯罪的，依法追究刑事责任。给他人造成损失的，依法承担赔偿责任。上述行为影响中标结果的，中标无效。

2. 招标代理机构在所代理的招标项目中投标、代理投标或者向该项目投标人提供咨询的，接受委托编制标底的中介机构参加受托编制标底项目

的投标或者为该项目的投标人编制投标文件、提供咨询的，依照招标投标法第50条的规定追究法律责任，即处5万元以上25万元以下的罚款；对单位直接负责的主管人员和其他直接责任人员处单位罚款数额5%以上10%以下的罚款；有违法所得的，并处没收违法所得；情节严重的，禁止其1年至2年内代理依法必须进行招标的项目并予以公告，直至由工商行政管理机关吊销营业执照；构成犯罪的，依法追究刑事责任。给他人造成损失的，依法承担赔偿责任。

招标代理机构承担民事责任的主要方式表现为赔偿责任和中标无效。招标代理机构因违法行为应承担的行政责任方式有：警告，责令改正，通报批评、对单位及直接负责任的主管人员和其他直接责任人员罚款，对于罚款额度，根据违法行为的轻度及所造成的后果，处以不同罚款额，取消代理资格，根据违法行为的严重程度给予不同的处罚期限，暂停招标代理资格等。构成犯罪的依法追究刑事责任。

三、评标委员会成员违法行为应承担的法律责任

如果评标委员会有违法行为，可能需要承担民事责任、行政责任甚至刑事责任。

1. 评标委员会成员收受投标人的财物或者其他好处的，评标委员会成员或者参加评标的有关工作人员向他人透露对投标文件的评审和比较、中标候选人的推荐以及与评标有关的其他情况的，给予警告，没收收受的财物，可以并处3千元以上5万元以下的罚款，对有所列违法行为的评标委员会成员取消担任评标委员会成员的资格，不得再参加任何依法必须进行招标的项目的评标；构成犯罪的，依法追究刑事责任。

2. 评标委员会成员有下列行为之一的，由有关行政监督部门责令改正；情节严重的，禁止其在一定期限内参加依法必须进行招标的项目的评标；情节特别严重的，取消其担任评标委员会成员的资格：

（1）应当回避而不回避；

（2）擅离职守；

（3）不按照招标文件规定的评标标准和方法评标；

（4）私下接触投标人；

（5）向招标人征询确定中标人的意向或者接受任何单位或者个人明示

或者暗示提出的倾向或者排斥特定投标人的要求；

（6）对依法应当否决的投标不提出否决意见；

（7）暗示或者诱导投标人作出澄清、说明或者接受投标人主动提出的澄清、说明；

（8）其他不客观、不公正履行职务的行为。

3. 有下列情形之一的，不得担任评标委员会成员：

（1）投标人或者投标人主要负责人的近亲属；

（2）项目主管部门或者行政监督部门的人员；

（3）与投标人有经济利益关系，可能影响对投标公正评审的；

（4）曾因在招标、评标以及其他与招标投标有关活动中从事违法行为而受过行政处罚或刑事处罚的。

四、投标人违法行为应承担的法律责任

如果投标人有违法行为，可能需要承担民事责任、行政责任甚至刑事责任。

1. 投标人相互串通投标或者与招标人串通投标的，投标人以向招标人或者评标委员会成员行贿的手段谋取中标的，中标无效，处中标项目金额5‰以上10‰以下的罚款，对单位直接负责的主管人员和其他直接责任人员处单位罚款数额5%以上10%以下的罚款；有违法所得的，并处没收违法所得；情节严重的，取消其1年至2年内参加依法必须进行招标的项目的投标资格并予以公告，直至由工商行政管理机关吊销营业执照；构成犯罪的，依法追究刑事责任。给他人造成损失的，依法承担赔偿责任。投标人未中标的，对单位的罚款金额按照招标项目合同金额依照招标投标法规定的比例计算。

2. 投标人有下列行为之一的，属于串通投标或以行贿谋取中标，由有关行政监督部门取消其1年至2年内参加依法必须进行招标的项目的投标资格：

（1）以行贿谋取中标；

（2）3年内2次以上串通投标；

（3）串通投标行为损害招标人、其他投标人或者国家、集体、公民的合法利益，造成直接经济损失30万元以上；

（4）其他串通投标情节严重的行为。

投标人因上述行为被处罚，执行期限届满之日起3年内又有上述所列违法行为之一的，或者串通投标、以行贿谋取中标情节特别严重的，由工商行政管理机关吊销营业执照。

3. 投标人以他人名义投标或者以其他方式弄虚作假，骗取中标的，中标无效，给招标人造成损失的，依法承担赔偿责任；构成犯罪的，依法追究刑事责任。依法必须进行招标的项目的投标人未中标的，对单位的罚款金额按照招标项目合同金额依照招标投标法规定的比例计算。

投标人有下列行为之一的，由有关行政监督部门取消其1年至3年内参加依法必须进行招标的项目的投标资格：

（1）伪造、变造资格、资质证书或者其他许可证件骗取中标；

（2）3年内2次以上使用他人名义投标；

（3）弄虚作假骗取中标给招标人造成直接经济损失30万元以上；

（4）其他弄虚作假骗取中标情节严重的行为。

投标人因上述行为受处罚执行期限届满之日起3年内又有上述违法行为之一的，或者弄虚作假骗取中标情节特别严重的，由工商行政管理机关吊销营业执照。

五、中标人违法行为应承担的法律责任

如果中标人有违法行为，可能需要承担民事责任、行政责任甚至刑事责任。

中标人将中标项目转让给他人的，将中标项目肢解后分别转让给他人的，违法将中标项目的部分主体、关键性工作分包给他人的，或者分包人再次分包的，转让、分包无效，处转让、分包项目金额5‰以上10‰以下的罚款；有违法所得的，并处没收违法所得；可以责令停业整顿；情节严重的，由工商行政管理机关吊销营业执照。

中标人不按照与招标人订立的合同履行义务，情节严重的，取消其2年至5年内参加依法必须进行招标的项目的投标资格并予以公告，直至由工商行政管理机关吊销营业执照。

中标人无正当理由不与招标人订立合同，在签订合同时向招标人提出

附加条件，或者不按照招标文件要求提交履约保证金的，取消其中标资格，投标保证金不予退还。对依法必须进行招标的项目的中标人，由有关行政监督部门责令改正，可以处中标项目金额10‰以下的罚款。

招标人和中标人不按照招标文件和中标人的投标文件订立合同，合同的主要条款与招标文件、中标人的投标文件的内容不一致，或者招标人、中标人订立背离合同实质性内容的协议的，由有关行政监督部门责令改正，可以处中标项目金额5‰以上10‰以下的罚款。

中标人不履行与招标人订立的合同的，履约保证金不予退还，给招标人造成的损失超过履约保证金数额的，还应当对超过部分予以赔偿；没有提交履约保证金的，应当对招标人的损失承担赔偿责任。

国家机关工作人员对招标投标活动依法负有行政监督职责，但却有徇私舞弊、滥用职权或者玩忽职守等行为的，构成犯罪的，依法追究刑事责任；不构成犯罪的，依法给予行政处分。

对招标投标活动依法负有行政监督职责的国家机关工作人员徇私舞弊、滥用职权或者玩忽职守，构成犯罪的，依法追究刑事责任；不构成犯罪的，依法给予行政处分。

国家工作人员利用职务便利，以直接或者间接、明示或者暗示等任何方式非法干涉招标投标活动，有下列情形之一的，依法给予记过或者记大过处分；情节严重的，依法给予降级或者撤职处分；情节特别严重的，依法给予开除处分；构成犯罪的，依法追究刑事责任：

（1）要求对依法必须进行招标的项目不招标，或者要求对依法应当公开招标的项目不公开招标；

（2）要求评标委员会成员或者招标人以其指定的投标人作为中标候选人或者中标人，或者以其他方式非法干涉评标活动，影响中标结果；

（3）以其他方式非法干涉招标投标活动。

有关行政监督部门不依法履行职责，对违反招标投标法和招标投标法实施条例规定的行为不依法查处，或者不按照规定处理投诉、不依法公告对招标投标当事人违法行为的行政处理决定的，对直接负责的主管人员和其他直接责任人员依法给予处分。项目审批、核准部门和有关行政监督部门的工作人员徇私舞弊、滥用职权、玩忽职守，构成犯罪的，依法追究刑事责任。

六、其他法律责任

除招标投标行为的直接参与人员及组织人员，其他任何利害关系人有违法行为的，也需要承担相应的法律责任。

任何单位违反招标投标法规定，限制或者排斥本地区、本系统以外的法人或者其他组织参加投标的，为招标人指定招标代理机构的，强制招标人委托招标代理机构办理招标事宜的，或者以其他方式干涉招标投标活动的，责令改正；对单位直接负责的主管人员和其他直接责任人员依法给予警告、记过、记大过的处分，情节较重的，依法给予降级、撤职、开除的处分。

出让或者出租资格、资质证书供他人投标的，依照法律、行政法规的规定给予行政处罚；构成犯罪的，依法追究刑事责任。如建筑法第66条就规定，建筑施工企业转让、出借资质证书或者以其他方式允许他人以本企业的名义承揽工程的，责令改正，没收违法所得，并处罚款，可以责令停业整顿，降低资质等级；情节严重的，吊销资质证书。对因该项承揽工程不符合规定的质量标准造成的损失，建筑施工企业与使用本企业名义的单位或者个人承担连带赔偿责任。

【风险提示】

在中国招投标领域，不仅要对投标人借用、伪造、变造资质、资格证书的行为给予处罚，对于取得资格、资质证书的单位和个人出让、出租相关证书的行为也要予以处罚。

【相关案例】

案例1　借用资质证书投标案

某商业楼的装修工程公开招标，王某、张某为了中标，分别借用了A公司、B公司的资质证书并以其名义报名投标。这两家公司均通过了资格预审。根据法律规定，使用通过受让或者租借等方式获取的资格、资质证书投标的，属于以他人名义投标，是违法行为。

案例2　某建筑公司出借资质证书案

某建筑公司同意秦某通过使用公司的资质证书、营业执照等承接工程，每年费用10万元。秦某利用该公司的资质证书、营业执照等多次承揽工程施工业务，但年底只向该公司上交了8万元的费用。根据建筑法的规定，禁止建筑施工企业超越本企业资质等级许可的业务范围或者以任何形式用其他建筑施工企业的名义承揽工程。禁止建筑施工企业以任何形式允许其他单位或者个人使用本企业的资质证书、营业执照，以本企业的名义承揽工程。因此，某建筑公司的行为违法。

【法条指引】

中华人民共和国招标投标法（节录）

第五十条　招标代理机构违反本法规定，泄露应当保密的与招标投标活动有关的情况和资料的，或者与招标人、投标人串通损害国家利益、社会公共利益或者他人合法权益的，处五万元以上二十五万元以下的罚款，对单位直接负责的主管人员和其他直接责任人员处单位罚款数额百分之五以上百分之十以下的罚款；有违法所得的，并处没收违法所得；情节严重的，禁止其一年至二年内代理依法必须进行招标的项目并予以公告，直至由工商行政管理机关吊销营业执照；构成犯罪的，依法追究刑事责任。给他人造成损失的，依法承担赔偿责任。

前款所列行为影响中标结果的，中标无效。

第五十一条　招标人以不合理的条件限制或者排斥潜在投标人的，对潜在投标人实行歧视待遇的，强制要求投标人组成联合体共同投标的，或者限制投标人之间竞争的，责令改正，可以处一万元以上五万元以下的罚款。

第五十二条　依法必须进行招标的项目的招标人向他人透露已获取招标文件的潜在投标人名称、数量或者可能影响公平竞争的有关招标投标的其他情况的，或者泄露标底的，给予警告，可以并处一万元以上十万元以下的罚款；对单位直接负责的主管人员和其他直接责任人员依法给予处分；构成犯罪的，依法追究刑事责任。

前款所列行为影响中标结果的，中标无效。

第五十三条 投标人相互串通投标或者与招标人串通投标的，投标人以向招标人或者评标委员会成员行贿的手段谋取中标的，中标无效，处中标项目金额千分之五以上千分之十以下的罚款，对单位直接负责的主管人员和其他直接责任人员处单位罚款数额百分之五以上百分之十以下的罚款；有违法所得的，并处没收违法所得；情节严重的，取消其一年至二年内参加依法必须进行招标的项目的投标资格并予以公告，直至由工商行政管理机关吊销营业执照；构成犯罪的，依法追究刑事责任。给他人造成损失的，依法承担赔偿责任。

第五十六条 评标委员会成员收受投标人的财物或者其他好处的，评标委员会成员或者参加评标的有关工作人员向他人透露对投标文件的评审和比较、中标候选人的推荐以及与评标有关的其他情况的，给予警告，没收收受的财物，可以并处三千元以上五万元以下的罚款，对有所列违法行为的评标委员会成员取消担任评标委员会成员的资格，不得再参加任何依法必须进行招标的项目的评标；构成犯罪的，依法追究刑事责任。

第五十八条 中标人将中标项目转让给他人的，将中标项目肢解后分别转让给他人的，违反本法规定将中标项目的部分主体、关键性工作分包给他人的，或者分包人再次分包的，转让、分包无效，处转让、分包项目金额千分之五以上千分之十以下的罚款；有违法所得的，并处没收违法所得；可以责令停业整顿；情节严重的，由工商行政管理机关吊销营业执照。

第六十二条 任何单位违反本法规定，限制或者排斥本地区、本系统以外的法人或者其他组织参加投标的，为招标人指定招标代理机构的，强制招标人委托招标代理机构办理招标事宜的，或者以其他方式干涉招标投标活动的，责令改正；对单位直接负责的主管人员和其他直接责任人员依法给予警告、记过、记大过的处分，情节较重的，依法给予降级、撤职、开除的处分。

个人利用职权进行前款违法行为的，依照前款规定追究责任。

中华人民共和国招标投标法实施条例（节录）

第八十条 国家工作人员利用职务便利，以直接或者间接、明示或者暗示等任何方式非法干涉招标投标活动，有下列情形之一的，依法给予记过或者记大过处分；情节严重的，依法给予降级或者撤职处分；情节特别严重的，依法给予开除处分；构成犯罪的，依法追究刑事责任：

（一）要求对依法必须进行招标的项目不招标，或者要求对依法应当公开招标的项目不公开招标；

（二）要求评标委员会成员或者招标人以其指定的投标人作为中标候选人或者中标人，或者以其他方式非法干涉评标活动，影响中标结果；

（三）以其他方式非法干涉招标投标活动。

第四章

建设工程的招标投标

第一节 工程建设项目勘察设计的招标投标

【规则要点】

建设工程勘察和建设工程设计应依法进行招标投标，但法律规定有的建设工程勘察设计可以不进行招标。

投标人是响应招标、参加投标竞争的法人或者其他组织。涉外投标人也应当符合中国规定的资质条件。

在中国，工程建设项目勘察设计的开标、评标和中标有着其特殊性，在进行工程建设项目勘察设计的开标、评标和中标时，应当遵循其特殊性来进行。

【理解与适用】

根据《工程建设项目勘察设计招标投标办法》第 2 条的规定，在中国境内进行工程建设项目勘察设计招标投标活动，适用本办法。因前面章节已对中国招标投标制度作了较为详尽的阐述，因此，本章节主要针对建设工程建设项目勘察设计招标投标的特点及特殊性规定展开论述。

一、工程建设项目勘察设计的招标

建设工程勘察，是指根据建设工程的要求，查明、分析、评价建设场地的地质地理环境特征和岩土工程条件，编制建设工程勘察文件的活动。

建设工程设计，是指根据建设工程的要求，对建设工程所需的技术、经济、资源、环境等条件进行综合分析、论证，编制建设工程设计文件的活动。根据《工程建设项目勘察设计招标投标办法》的规定，在中国境内进行工程建设项目勘察设计招标投标活动，适用本办法。

（一）可以不招标的情形

按照国家规定需要履行项目审批、核准手续的依法必须进行招标的项目，经项目审批、核准部门审批、核准，项目的勘察设计可以不进行招标的情形有：

（1）涉及国家安全、国家秘密、抢险救灾或者属于利用扶贫资金实行以工代赈、需要使用农民工等特殊情况，不适宜进行招标；

（2）主要工艺、技术采用不可替代的专利或者专有技术，或者其建筑艺术造型有特殊要求；

（3）采购人依法能够自行勘察、设计；

（4）已通过招标方式选定的特许经营项目投资人依法能够自行勘察、设计；

（5）技术复杂或专业性强，能够满足条件的勘察设计单位少于3家，不能形成有效竞争；

（6）已建成项目需要改、扩建或者技术改造，由其他单位进行设计影响项目功能配套性；

（7）国家规定其他特殊情形。

（二）总承包招标和分段招标

招标人可以依据工程建设项目的不同特点，实行勘察设计一次性总体招标；也可以在保证项目完整性、连续性的前提下，按照技术要求实行分段或分项招标。依法必须招标的工程建设项目，招标人可以对项目的勘察、设计、施工以及与工程建设有关的重要设备、材料的采购，实行总承包招标。

（三）招标条件

依法必须进行勘察设计招标的工程建设项目，在招标时应当具备下列条件：

（1）招标人已经依法成立；

（2）按照国家有关规定需要履行项目审批、核准或者备案手续的，已经审批、核准或者备案；

（3）勘察设计有相应资金或者资金来源已经落实；

（4）所必需的勘察设计基础资料已经收集完成；

（5）法律法规规定的其他条件。

（四）招标方式

工程建设项目勘察设计招标分为公开招标和邀请招标。

依法必须进行公开招标的项目，在下列情况下可以进行邀请招标。

（1）技术复杂、有特殊要求或者受自然环境限制，只有少量潜在投标人可供选择；

（2）采用公开招标方式的费用占项目合同金额的比例过大，并且，如果该项目属于按照国家有关规定需要履行项目审批、核准手续的项目，则由项目审批、核准部门在审批、核准项目时作出认定；其他项目由招标人申请有关行政监督部门作出认定。

招标人采用邀请招标方式的，应保证有3个以上具备承担招标项目勘察设计的能力，并具有相应资质的特定法人或者其他组织参加投标。

招标人应当按照资格预审公告、招标公告或者投标邀请书规定的时间、地点出售招标文件或者资格预审文件。自招标文件或者资格预审文件出售之日起至停止出售之日止，最短不得少于5日。进行资格预审的，招标人只向资格预审合格的潜在投标人发售招标文件，并同时向资格预审不合格的潜在投标人告知资格预审结果。凡是资格预审合格的潜在投标人都应被允许参加投标，招标人不得以抽签、摇号等不合理条件限制或者排斥资格预审合格的潜在投标人参加投标。

（五）招标文件

招标人应当根据招标项目的特点和需要编制招标文件。

勘察设计招标文件应当包括下列内容。

（1）投标须知；

（2）投标文件格式及主要合同条款；

（3）项目说明书，包括资金来源情况；

（4）勘察设计范围，对勘察设计进度、阶段和深度要求；

（5）勘察设计基础资料；

（6）勘察设计费用支付方式，对未中标人是否给予补偿及补偿标准；

（7）投标报价要求；

（8）对投标人资格审查的标准；

（9）评标标准和方法；

（10）投标有效期。

投标有效期，从提交投标文件截止日期起计算。

招标人负责提供与招标项目有关的基础资料，并保证所提供资料的真实性、完整性，涉及国家秘密的除外。

对于潜在投标人在阅读招标文件和现场踏勘中提出的疑问，招标人可以书面形式或召开投标预备会的方式解答，但需要同时将解答以书面方式通知所有招标文件收受人。该解答的内容为招标文件的组成部分。

招标人可以要求投标人在提交符合招标文件规定要求的投标文件外，提交备选投标文件，但应当在招标文件中作出说明，并提出相应的评审和比较办法。

除不可抗力原因外，招标人在发布招标公告或者发出投标邀请书后不得终止招标，也不得在出售招标文件后终止招标。

（六）招标有效期的延长

评标定标工作应当在投标有效期内完成，不能如期完成的，招标人应当通知所有投标人延长投标有效期。同意延长投标有效期的投标人应当相应延长其投标担保的有效期，但不得修改投标文件的实质性内容。拒绝延长投标有效期的投标人有权收回投标保证金。招标文件中规定给予未中标人补偿的，拒绝延长的投标人有权获得补偿。

二、工程建设项目勘察设计的投标

投标人是响应招标、参加投标竞争的法人或者其他组织。在其本国注册登记，从事建筑、工程服务的国外设计企业参加投标的，必须符合中华人民共和国缔结或者参加的国际条约、协定中所作的市场准入承诺以及有关勘察设计市场准入的管理规定。投标人也应当符合中国规定的资质条件。

（一）投标人

投标人不得以他人名义投标，也不得利用伪造、转让、无效或者租借的资质证书参加投标，或者以任何方式请其他单位在自己编制的投标文件代为签字盖章，损害国家利益、社会公共利益和招标人的合法权益。投标人也不得通过故意压低投资额、降低施工技术要求、减少占地面积，或者缩短工期等手段弄虚作假，骗取中标。

（二）投标文件

投标人应当按照招标文件或者投标邀请书的要求编制投标文件。投标文件中的勘察设计收费报价，应当符合中国国务院价格主管部门制定的工程勘察设计收费标准。

招标文件要求投标人提交投标保证金的，保证金数额不得超过勘察设计估算费用的2%，最多不超过10万元人民币。依法必须进行招标的项目的境内投标单位，以现金或者支票形式提交的投标保证金应当从其基本账户转出。在提交投标文件截止时间后到招标文件规定的投标有效期终止之前，投标人不得撤销其投标文件，否则招标人可以不退还投标保证金。

投标人在投标截止时间前提交的投标文件，补充、修改或撤回投标文件的通知，备选投标文件等，都必须加盖所在单位公章，并且由其法定代表人或授权代表签字，但招标文件另有规定的除外。

（三）联合体投标

以联合体形式投标的，联合体各方应签订共同投标协议，连同投标文件一并提交招标人。联合体各方不得再单独以自己名义，或者参加另外的联合体投同一个标。招标人接受联合体投标并进行资格预审的，联合体应当在提交资格预审申请文件前组成。资格预审后联合体增减、更换成员的，其投标无效。

联合体中标的，应指定牵头人或代表，授权其代表所有联合体成员与招标人签订合同，负责整个合同实施阶段的协调工作。但是，需要向招标人提交由所有联合体成员法定代表人签署的授权委托书。

投标人在投标文件有关技术方案和要求中不得指定与工程建设项目有关的重要设备、材料的生产供应者，或者含有倾向或者排斥特定生产供应者的内容。

三、工程建设项目勘察设计的开标、评标和中标

在中国，工程建设项目勘察设计的开标、评标和中标有着其特殊性，因此，在进行工程建设项目勘察设计的开标、评标和中标时，应当遵循其特殊性来进行。

（一）开标

开标应当在招标文件确定的提交投标文件截止时间的同一时间公开进行；除不可抗力原因外，招标人不得以任何理由拖延开标，或者拒绝开标。投标人对开标有异议的，应当在开标现场提出，招标人应当当场作出答复，并制作记录。

（二）评标

评标工作由评标委员会负责。

勘察设计评标一般采取综合评估法进行。评标委员会应当按照招标文件确定的评标标准和方法，结合经批准的项目建议书、可行性研究报告或者上阶段设计批复文件，对投标人的业绩、信誉和勘察设计人员的能力以及勘察设计方案的优劣进行综合评定。招标文件中没有规定的标准和方法，不得作为评标的依据。

评标委员会可以要求投标人对其技术文件进行必要的说明或介绍，但不得提出带有暗示性或诱导性的问题，也不得明确指出其投标文件中的遗漏和错误。根据招标文件的规定，允许投标人投备选标的，评标委员会可以对中标人所提交的备选标进行评审，以决定是否采纳备选标。不符合中标条件的投标人的备选标不予考虑。

投标文件有下列情况之一的，评标委员会应当否决其投标：

（1）未经投标单位盖章和单位负责人签字；

（2）投标报价不符合国家颁布的勘察设计取费标准，或者低于成本，或者高于招标文件设定的最高投标限价；

（3）未响应招标文件的实质性要求和条件。

投标人有下列情况之一的，评标委员会应当否决其投标：

（1）不符合国家或者招标文件规定的资格条件；

（2）与其他投标人或者与招标人串通投标；

（3）以他人名义投标，或者以其他方式弄虚作假；

（4）以向招标人或者评标委员会成员行贿的手段谋取中标；

（5）以联合体形式投标，未提交共同投标协议；

（6）提交两个以上不同的投标文件或者投标报价，但招标文件要求提交备选投标的除外。

评标委员会完成评标后，应当向招标人提出书面评标报告，推荐合格的中标候选人。评标委员会决定否决所有投标的，应在评标报告中详细说明理由。

（三）中标候选人

评标委员会推荐的中标候选人应当限定在1至3人，并标明排列顺序。能够最大限度地满足招标文件中规定的各项综合评价标准的投标人，应当推荐为中标候选人。

国有资金占控股或者主导地位的依法必须招标的项目，招标人应当确定排名第一的中标候选人为中标人。排名第一的中标候选人放弃中标、因不可抗力提出不能履行合同，不按照招标文件要求提交履约保证金，或者被查实存在影响中标结果的违法行为等情形，不符合中标条件的，招标人可以按照评标委员会提出的中标候选人名单排序依次确定其他中标候选人为中标人。依次确定其他中标候选人与招标人预期差距较大，或者对招标人明显不利的，招标人可以重新招标。

招标人可以授权评标委员会直接确定中标人。

招标人应在接到评标委员会的书面评标报告之日起3日内公示中标候选人，公示期不少于3日。

（四）签订书面合同

招标人和中标人应当在投标有效期内并在自中标通知书发出之日起30日内，按照招标文件和中标人的投标文件订立书面合同。中标人履行合同应当遵守我国合同法以及《建设工程勘察设计管理条例》中勘察设计文件的编制与实施的有关规定。招标人不得以压低勘察设计费、增加工作量、缩短勘察设计周期等作为发出中标通知书的条件，也不得与中标人再行订立背离合同实质性内容的其他协议。

招标人与中标人签订合同后5日内，应当向中标人和未中标人一次性退还投标保证金及银行同期存款利息。招标文件中规定给予未中标人经济补偿的，也应在此期限内一并给付。招标文件要求中标人提交履约保证金的，中标人应当提交；经中标人同意，可将其投标保证金抵作履约保证金。

（五）招标投标书面报告

依法必须进行勘察设计招标的项目，招标人应当在确定中标人之日起15日内，向有关行政监督部门提交招标投标情况的书面报告。

书面报告一般应包括以下内容。

（1）招标项目基本情况；

（2）投标人情况；

（3）评标委员会成员名单；

（4）开标情况；

（5）评标标准和方法；

（6）否决投标情况；

（7）评标委员会推荐的经排序的中标候选人名单；

（8）中标结果；

（9）未确定排名第一的中标候选人为中标人的原因；

（10）其他需要说明的问题。

【风险提示】

任何单位和个人不得将依法必须进行招标的项目化整为零或者以其他任何方式规避招标。

招标人或者中标人采用其他未中标人投标文件中技术方案的，应当征得未中标人的书面同意，并支付合理的使用费。

【相关案例】

公司串通投标案

某设计工程公开招标，某公司为了增加中标的可能性，找来A/B两家公司参加投标，三家公司进入资格预审。两家公司商量，A公司和B公司资质等级较低，投标时报高价，而某公司则报较低价格。就这样，某公司成功中标。这属于串通投标的违法情形，是法律禁止的违法行为。

【法条指引】

工程建设项目勘察设计招标投标办法（节录）

第三条　工程建设项目符合《工程建设项目招标范围和规模标

准规定》（国家计委令第3号）规定的范围和标准的，必须依据本办法进行招标。

任何单位和个人不得将依法必须进行招标的项目化整为零或者以其他任何方式规避招标。

第三十条 投标人不得通过故意压低投资额、降低施工技术要求、减少占地面积，或者缩短工期等手段弄虚作假，骗取中标。

第三十一条 开标应当在招标文件确定的提交投标文件截止时间的同一时间公开进行；除不可抗力原因外，招标人不得以任何理由拖延开标，或者拒绝开标。

投标人对开标有异议的，应当在开标现场提出，招标人应当当场作出答复，并制作记录。

第三十二条 评标工作由评标委员会负责。评标委员会的组成方式及要求，按《中华人民共和国招标投标法》、《中华人民共和国招标投标法实施条例》及《评标委员会和评标方法暂行规定》（国家计委等七部委联合令第12号）的有关规定执行。

第二节 工程施工项目的招标投标

【规则要点】

工程施工招标人只能是依法提出施工招标项目、进行招标的法人或者其他组织，不能是个人。工程施工招标分为公开招标和邀请招标。采用公开招标方式的，招标人应当发布招标公告，邀请不特定的法人或者其他组织投标。采用邀请招标方式的，招标人应当向3家以上具备承担施工招标项目的能力、资信良好的特定法人或者其他组织发出投标邀请书。

工程施工项目有其特殊性，对投标人的主体资格和投标保证金有特殊要求。工程施工项目的开标、评标和定标工作也有其特殊性，主要体现在开标异议、评标、中标候选人等方面。

【理解与适用】

中国针对建设工程施工项目的招标投标活动，制定了《工程建设项目施工招标投标办法》，该办法自2013年5月1日起施行，在中国境内进行工程施工招标投标活动，适用该办法。因前面章节已对中国招标投标制度作了较为详尽的阐述，因此，本章节主要针对建设工程施工项目招标投标的特点及特殊性规定展开论述。

一、工程施工项目的招标

在中国，依法必须招标的工程建设项目，应当具备特定的条件才能进行施工招标。

(一) 工程施工的招标人及招标项目

工程施工招标人只能是依法提出施工招标项目、进行招标的法人或者其他组织，不能是个人。

依法必须招标的工程建设项目，应当具备下列条件才能进行施工招标。

(1) 招标人已经依法成立；

(2) 初步设计及概算应当履行审批手续的，已经批准；

(3) 有相应资金或资金来源已经落实；

(4) 有招标所需的设计图纸及技术资料。

依法必须进行施工招标的工程建设项目有下列情形之一的，可以不进行施工招标。

(1) 涉及国家安全、国家秘密、抢险救灾或者属于利用扶贫资金实行以工代赈需要使用农民工等特殊情况，不适宜进行招标；

(2) 施工主要技术采用不可替代的专利或者专有技术；

(3) 已通过招标方式选定的特许经营项目投资人依法能够自行建设；

(4) 采购人依法能够自行建设；

(5) 在建工程追加的附属小型工程或者主体加层工程，原中标人仍具备承包能力，并且其他人承担将影响施工或者功能配套要求；

(6) 国家规定的其他情形。

(二) 招标方式

采用公开招标方式的，招标人应当发布招标公告，邀请不特定的法人或者其他组织投标。依法必须进行施工招标项目的招标公告，应当在国家指定的报刊和信息网络上发布。

采用邀请招标方式的，招标人应当向3家以上具备承担施工招标项目能力、资信良好的特定的法人或者其他组织发出投标邀请书。

招标公告或者投标邀请书应当至少载明下列内容。

（1）招标人的名称和地址；

（2）招标项目的内容、规模、资金来源；

（3）招标项目的实施地点和工期；

（4）获取招标文件或者资格预审文件的地点和时间；

（5）对招标文件或者资格预审文件收取的费用；

（6）对招标人的资质等级的要求。

招标人应当按招标公告或者投标邀请书规定的时间、地点出售招标文件或资格预审文件。自招标文件或者资格预审文件出售之日起至停止出售之日止，最短不得少于5日。

招标人可以通过信息网络或者其他媒介发布招标文件，通过信息网络或者其他媒介发布的招标文件与书面招标文件具有同等法律效力，出现不一致时以书面招标文件为准，国家另有规定的除外。

对招标文件或者资格预审文件的收费应当限于补偿印刷、邮寄的成本支出，不得以营利为目的。对于所附的设计文件，招标人可以向投标人酌收押金；对于开标后投标人退还设计文件的，招标人应当向投标人退还押金。招标文件或者资格预审文件售出后，不予退还。除不可抗力原因外，招标人在发布招标公告、发出投标邀请书后或者售出招标文件或资格预审文件后不得终止招标。

（三）资格审查

采取资格预审的，招标人应当发布资格预审公告。采取资格预审的，招标人应当在资格预审文件中载明资格预审的条件、标准和方法；采取资格后审的，招标人应当在招标文件中载明对投标人资格要求的条件、标准和方法。招标人不得改变载明的资格条件或者以没有载明的资格条件对潜在投标人或者投标人进行资格审查。

经资格预审后，招标人应当向资格预审合格的潜在投标人发出资格预审合格通知书，告知获取招标文件的时间、地点和方法，并同时向资格预审不合格的潜在投标人告知资格预审结果。资格预审不合格的潜在投标人不得参加投标。经资格预审不合格的投标人的投标应予否决。

资格审查应主要审查潜在投标人或者投标人是否符合下列条件：

（1）具有独立订立合同的权利；

（2）具有履行合同的能力，包括专业、技术资格和能力，资金、设备和其他物质设施状况，管理能力，经验、信誉和相应的从业人员；

（3）没有处于被责令停业，投标资格被取消，财产被接管、冻结，破产状态；

（4）在最近3年内没有骗取中标和严重违约及重大工程质量问题；

（5）国家规定的其他资格条件。

（四）招标代理机构的权限

招标代理机构应当在招标人委托的范围内承担招标事宜。

招标代理机构可以在其资格等级范围内承担下列招标事宜：

（1）拟订招标方案，编制和出售招标文件、资格预审文件；

（2）审查投标人资格；

（3）编制标底；

（4）组织投标人踏勘现场；

（5）组织开标、评标，协助招标人定标；

（6）草拟合同；

（7）招标人委托的其他事项。

招标代理机构不得无权代理、越权代理，不得明知委托事项违法而进行代理。招标代理机构不得在所代理的招标项目中投标或者代理投标，也不得为所代理的招标项目的投标人提供咨询；未经招标人同意，不得转让招标代理业务。

工程招标代理机构与招标人应当签订书面委托合同，并按双方约定的标准收取代理费；国家对收费标准有规定的，依照其规定。

（五）招标文件及备选投标方案

工程施工招标文件规定的各项技术标准应符合国家强制性标准。招标文件中规定的各项技术标准均不得要求或标明某一特定的专利、商标、名称、设计、原产地或生产供应者，不得含有倾向或者排斥潜在投标人的其他内容。如果必须引用某一生产供应者的技术标准才能准确或清楚地说明拟招标项目的技术标准时，则应当在参照后面加上“或相当于”的字样。

招标文件应当明确规定所有评标因素，以及如何将这些因素量化或者据此进行评估。在评标过程中，不得改变招标文件中规定的评标标准、方法和中标条件。

招标文件应当规定一个适当的投标有效期，以保证招标人有足够的时间完成评标和与中标人签订合同。投标有效期从投标人提交投标文件截止之日起计算。在原投标有效期结束前，出现特殊情况的，招标人可以书面形式要求所有投标人延长投标有效期。投标人同意延长的，不得要求或被允许修改其投标文件的实质性内容，但应当相应延长其投标保证金的有效期；投标人拒绝延长的，其投标失效，但投标人有权收回其投标保证金。因延长投标有效期造成投标人损失的，招标人应当给予补偿，但因不可抗力需要延长投标有效期的除外。

施工招标项目工期较长的，招标文件中可以规定工程造价指数体系、价格调整因素和调整方法。

（六）招标预备会的答疑

对于潜在投标人在阅读招标文件和现场踏勘中提出的疑问，招标人可以书面形式或召开投标预备会的方式解答，但须同时将解答以书面方式通知所有购买招标文件的潜在投标人。该解答的内容为招标文件的组成部分。

（七）标底

招标人可根据项目特点决定是否编制标底。编制标底的，标底编制过程和标底在开标前必须保密。招标项目编制标底的，应根据批准的初步设计、投资概算，依据有关计价办法，参照有关工程定额，结合市场供求状况，综合考虑投资、工期和质量等方面的因素合理确定。

标底由招标人自行编制或委托中介机构编制。一个工程只能编制一个标底。任何单位和个人不得强制招标人编制或报审标底，或干预其确定标底。招标项目可以不设标底，进行无标底招标。招标人设有最高投标限价的，应当在招标文件中明确最高投标限价或者最高投标限价的计算方法。招标人不得规定最低投标限价。

招标人可以要求投标人在提交符合招标文件规定要求的投标文件外，提交备选投标方案，但应当在招标文件中作出说明，并提出相应的评审和比较办法。

二、工程施工项目的投标

工程施工项目有其特殊性，主要体现在投标人的主体资格，投标保证金等方面。

（一）投标人

投标人是响应招标、参加投标竞争的法人或者其他组织。招标人的任何不具独立法人资格的附属机构（单位），或者为招标项目的前期准备或者监理工作提供设计、咨询服务的任何法人及其任何附属机构（单位），都无资格参加该招标项目的投标。

（二）投标保证金

招标人可以在招标文件中要求投标人提交投标保证金。投标保证金除现金外，可以是银行出具的银行保函、保兑支票、银行汇票或现金支票。投标保证金不得超过项目估算价的2%，但最高不得超过80万元人民币。投标保证金有效期应当与投标有效期一致。投标人应当按照招标文件要求的方式和金额，将投标保证金随投标文件提交给招标人或其委托的招标代理机构。依法必须进行施工招标项目的境内投标单位，以现金或者支票形式提交的投标保证金应当从其基本账户转出。

（三）投标人少于3人的应对

依法必须进行施工招标的项目提交投标文件的投标人少于3人的，招标人在分析招标失败的原因并采取相应措施后，应当依法重新招标。重新招标后投标人仍少于3人的，属于必须审批、核准的工程建设项目，报经原审批、核准部门审批、核准后可以不再进行招标；其他工程建设项目，招标人可自行决定不再进行招标。

（四）联合体投标

联合体各方应当指定牵头人，授权其代表所有联合体成员负责投标和合同实施阶段的主办、协调工作，并应当向招标人提交由所有联合体成员法定代表人签署的授权书。

招标人接受联合体投标并进行资格预审的，联合体应当在提交资格预审申请文件前组成。资格预审后联合体增减、更换成员的，其投标无效。联合体投标应当以联合体各方或者联合体中牵头人的名义提交投标保证金。以联合体中牵头人名义提交的投标保证金，对联合体各成员具有约束力。

（五）禁止串通投标报价、串通投标和挂靠

禁止投标人串通投标报价。属于投标人串通投标报价的情形有：

（1）投标人之间相互约定抬高或压低投标报价；

（2）投标人之间相互约定，在招标项目中分别以高、中、低价位报价；

（3）投标人之间先进行内部竞价，内定中标人，然后再参加投标；

（4）投标人之间其他串通投标报价的行为。

禁止招标人与投标人串通投标。招标人与投标人串通投标的情形有：

（1）招标人在开标前开启投标文件并将有关信息泄露给其他投标人，或者授意投标人撤换、修改投标文件；

（2）招标人向投标人泄露标底、评标委员会成员等信息；

（3）招标人明示或者暗示投标人压低或抬高投标报价；

（4）招标人明示或者暗示投标人为特定投标人中标提供方便；

（5）招标人与投标人为谋求特定中标人中标而采取的其他串通行为。

投标人也不得通过挂靠其他施工单位，或从其他单位通过受让或租借的方式获取资格或资质证书，或者由其他单位及其法定代表人在自己编制的投标文件上加盖印章和签字的方式来投标。

三、工程施工项目的开标、评标和定标

工程施工项目的开标、评标和定标工作也有其特殊性，主要体现在开标异议、评标、中标候选人等方面。

（一）开标异议

投标人对开标有异议的，应当在开标现场提出，招标人应当当场作出答复，并制作记录。

（二）评标

评标委员会可以书面方式要求投标人对投标文件中含义不明确、对同类问题表述不一致或者有明显文字和计算错误的内容作必要的澄清、说明或补正。评标委员会不得向投标人提出带有暗示性或诱导性的问题，或向

其明确投标文件中的遗漏和错误。

投标文件不响应招标文件的实质性要求和条件的，评标委员会不得允许投标人通过修正或撤销其不符合要求的差异或保留，使之成为具有响应性的投标。

评标委员会在对实质上响应招标文件要求的投标进行报价评估时，除招标文件另有约定外，应当按下述原则进行修正。

（1）用数字表示的数额与用文字表示的数额不一致时，以文字数额为准；

（2）单价与工程量的乘积与总价之间不一致时，以单价为准。若单价有明显的小数点错位，应以总价为准，并修改单价。

按上述规定调整后的报价经投标人确认后产生约束力。投标文件中没有列入的价格和优惠条件在评标时不予考虑。

对于投标人提交的优越于招标文件中技术标准的备选投标方案所产生的附加收益，不得考虑进评标价中。符合招标文件的基本技术要求且评标价最低或综合评分最高的投标人，其所提交的备选方案方可予以考虑。

（三）中标候选人

评标委员会推荐的中标候选人应当限定在 1 至 3 人，并标明排列顺序。招标人应当接受评标委员会推荐的中标候选人，不得在评标委员会推荐的中标候选人之外确定中标人。

依法必须进行招标的项目，招标人应当自收到评标报告之日起 3 日内公示中标候选人，公示期不得少于 3 日。中标通知书由招标人发出。

（四）中标通知书及合同的签订

中标通知书对招标人和中标人具有法律效力。中标通知书发出后，招标人改变中标结果的，或者中标人放弃中标项目的，应当依法承担法律责任。另外，招标人不得向中标人提出压低报价、增加工作量、缩短工期或其他违背中标人意愿的要求，以此作为发出中标通知书和签订合同的条件。

招标人和中标人应当在投标有效期内并在自中标通知书发出之日起 30 日内，按照招标文件和中标人的投标文件订立书面合同。招标人和中标人不得再行订立背离合同实质性内容的其他协议。

招标人要求中标人提供履约保证金或其他形式履约担保的，招标人应当同时向中标人提供工程款支付担保。招标人不得擅自提高履约保证金，不得强制要求中标人垫付中标项目建设资金。

合同中确定的建设规模、建设标准、建设内容、合同价格应当控制在批准的初步设计及概算文件范围内；确须超出规定范围的，应当在中标合同签订前，报原项目审批部门审查同意。凡应报经审查而未报的，在初步设计及概算调整时，原项目审批部门一律不予承认。

（五）向监督机关报告

依法必须进行施工招标的项目，招标人应当自发出中标通知书之日起15日内，向有关行政监督部门提交招标投标情况的书面报告。

该书面报告至少应包括下列内容。

（1）招标范围；

（2）招标方式和发布招标公告的媒介；

（3）招标文件中投标人须知、技术条款、评标标准和方法、合同主要条款等内容；

（4）评标委员会的组成和评标报告；

（5）中标结果；

（6）招标人不得直接指定分包人。

对于不具备分包条件或者不符合分包规定的，招标人有权在签订合同或者中标人提出分包要求时予以拒绝。发现中标人转包或违法分包时，可要求其改正；拒不改正的，可终止合同，并报请有关行政监督部门查处。

监理人员和有关行政部门发现中标人违反合同约定进行转包或违法分包的，应当要求中标人改正，或者告知招标人要求其改正；对于拒不改正的，应当报请有关行政监督部门查处。

【风险提示】

在提交投标文件截止时间后到招标文件规定的投标有效期终止之前，投标人不得撤销其投标文件，否则招标人可以不退还其投标保证金。

【相关案例】

必须进行招标而未招标合同无效案

A公司欲承建某学校的学校工程。在某学校未进行公开招投标的情况下，直接通过议标确定A公司为中标单位，并与A公司签订施工合同。本案中，学校项目属于教育项目，关系社会公共利益、公众安全的公用事业项目，根据招标投标法及《工程建设项目招标范围和规模标准规定》的规定，属于必须招投标项目。根据《最高人民法院关于审理建设工程施工合同纠纷案件适用法律问题的解释》第1条的规定，建设工程必须进行招标而未招标或中标无效的，施工合同无效。

【法条指引】

工程建设项目施工招标投标办法（节录）

第五条 工程施工招标投标活动，依法由招标人负责。任何单位和个人不得以任何方式非法干涉工程施工招标投标活动。

施工招标投标活动不受地区或者部门的限制。

第八条 依法必须招标的工程建设项目，应当具备下列条件才能进行施工招标：

（一）招标人已经依法成立；

（二）初步设计及概算应当履行审批手续的，已经批准；

（三）有相应资金或资金来源已经落实；

（四）有招标所需的设计图纸及技术资料。

第三十五条 投标人是响应招标、参加投标竞争的法人或者其他组织。招标人的任何不具独立法人资格的附属机构（单位），或者为招标项目的前期准备或者监理工作提供设计、咨询服务的任何法人及其任何附属机构（单位），都无资格参加该招标项目的投标。

第三十六条 投标人应当按照招标文件的要求编制投标文件。投标文件应当对招标文件提出的实质性要求和条件作出响应。

投标文件一般包括下列内容：

（一）投标函；

（二）投标报价；

（三）施工组织设计；

（四）商务和技术偏差表。

投标人根据招标文件载明的项目实际情况，拟在中标后将中标项目的部分非主体、非关键性工作进行分包的，应当在投标文件中载明。

第四十九条 开标应当在招标文件确定的提交投标文件截止时间的同一时间公开进行；开标地点应当为招标文件中确定的地点。

投标人对开标有异议的，应当在开标现场提出，招标人应当当场作出答复，并制作记录。

第五十条第一款 投标文件有下列情形之一的，招标人应当拒收：

（一）逾期送达；

（二）未按招标文件要求密封。

第五章

建设工程合同

第一节　建设工程合同概述

【规则要点】

建设工程合同是承包人依约定完成建设工程，发包人按约定验收工程并支付酬金的合同。中国对建设工程合同实施了较为严格的干预。

建设工程合同包括工程勘察、设计、施工合同。除此以外，还包括工程监理合同、工程材料设备采购合同以及工程建设相关的其他合同。

发包人和承包人均享有各自权利和义务。当事人还应当特别注意建设工程合同是否合法有效。

【理解与适用】

一、建设工程合同的特点

建设工程合同，也称建设工程承发包合同，是承包人依约定完成建设工程，发包人按约定验收工程并支付酬金的合同。建设工程合同是以完成特定不动产的工程建设为主要内容的合同。中国对建设工程合同实施了较为严格的干预。建设工程合同中强制性规范占了相当的比例，相当部分的合同责任因此成为法定责任。

建设工程合同属于承揽合同的特殊类型，法律对建设工程合同没有特别规定的，适用法律对承揽合同的相关规定。国家重大建设工程合同，应当按照国家规定的程序和国家批准的投资计划、可行性研究报告等文件订立。建设工程的招标投标活动，应当依照有关法律的规定公开、公平、公正进行。

一般来说，建设工程合同具有如下特点。

其一，建设工程合同是以完成特定不动产的工程建设为主要内容的合同。

当事人权利义务所指向的工作物是建设工程项目，包括工程项目的勘察、设计和施工。这也是中国建设工程合同不同于承揽合同的主要特征。从这方面而言，也可以说建设工程合同就是以建设工程的勘察、设计或施工为内容的承揽合同。

其二，中国对建设工程合同实施了较为严格的干预。

除合同法外，还有建筑法、招标投标法等法律及大量的行政法规和规章，对建设工程合同的订立和履行等各个环节进行规制。

针对建设工程合同的履行，中国制定了大量强制性标准。为确保建设工程质量监控的可操作性，在建设工程质量的监控过程中需要适用大量的标准。

另外，建设工程合同不同于通常的合同。建设工程合同中强制性规范占了相当的比例，相当部分的合同责任因此成为法定责任。如关于施工开工前应取得施工许可证的要求，合同订立程序中的招标发包规定，对承包人转包的禁止性规定与分包的限制性规定，以及对承包人质量保修责任的规定等，均带有不同程度的强制性，从而部分或全部排除了当事人的缔约自由。

二、建设工程合同的种类

我国合同法明确规定，建设工程合同包括工程勘察、设计、施工合同。除此以外，还包括工程监理合同、工程材料设备采购合同以及工程建设相关的其他合同。

（一）建设工程勘察设计合同

建设工程勘察合同是承包人进行工程勘察，发包人支付价款的合同。工程勘察是工程建设的第一个环节。勘察合同的承包人必须是经国家或省级主管机关批准，持有《勘察许可证》，具有法人资格的勘察单位。勘察合同的内容包括提交有关基础资料和文件（包括概预算）的期限、质量要求、费用以及其他协作条件等条款。

建设工程设计合同是承包人进行工程设计，委托人支付价款的合同。工程设计是工程建设的第二个环节。工程设计合同的承包人必须是经国家或省级主要机关批准，持有《设计许可证》，具有法人资格的设计单位。设计合同的内容包括提交有关基础资料和文件（包括概预算）的期限、质量要求、费用以及其他协作条件等条款。

建设工程勘察与设计合同的内容相对简单。发包人的主要义务为明确勘察或设计要求，提供必要的勘察或设计资料，按期支付酬金。勘察人或设计人的主要义务为按合同要求完成任务，保证勘察成果资料和设计资料具有合同约定的质量要求。在酬金方面，勘察与设计合同通常是以固定价格的方式进行约定，如发包人对勘察或设计要求提出变更，则相应调整酬金数额。支付方式则通常是按勘察或设计工作完成的阶段分期付款。

（二）建设工程施工合同

建设工程施工合同是工程建设单位与施工单位，也就是发包人与承包方人以完成建设工程为目的，明确双方相互权利义务的协议。建设工程承包人必须是法人。建设工程施工合同要求审查承包人的资质证明、营业执照、安全生产合格证、企业等级证书。

施工合同的内容包括工程范围、建设工期、中间交工工程的开工和竣工时间、工程质量、工程造价、技术资料交付时间、材料和设备供应责任、拨款和结算、竣工验收、质量保修范围和质量保证期、双方相互协作等条款。

（三）建设工程委托监理合同

建设工程实行监理的，发包人应当与监理人采用书面形式订立委托监理合同。发包人与监理人的权利和义务以及法律责任，应当依照中国合同法有关委托合同的规定以及其他有关法律、行政法规的规定。

（四）建设工程物资采购合同

建设工程物资采购合同是由建设单位或承建单位根据工程建设的需要，分别与有关物资单位就物资采购明确双方权利和义务而签订的具有法律效力的书面协议。

三、发包人和承包人的权利义务

在工程承包合同中，发包人主要有以下权利和义务：发包人有权随时检查工程。竣工后进行验收。发包人应当提供必要施工条件。因发包人的原因致使工程中途停建、缓建的，发包人应承担相应责任。因发包人的原因造成勘察、设计的返工、停工或者修改设计的，发包人承担相应责任。

承包人主要有以下权利和义务：隐蔽工程在隐蔽以前，承包人应当通知发包人检查。勘察、设计的质量不符合要求或者未按照期限提交勘察、设计文件拖延工期，造成发包人损失的，勘察人、设计人应当继续完善勘察、设计，减收或者免收勘察、设计费并赔偿损失。因承包人的原因致使建设工程在合理使用期限内造成人身和财产损害的，承包人应当承担损害赔偿责任。发包人未按照约定支付价款的，承包人可以催告发包人在合理期限内支付价款。

（一）发包人的权利义务

在工程承包合同中，发包人主要有以下权利和义务。

1. 发包人有权随时检查工程。发包人在不妨碍承包人正常作业的情况下，可以随时对作业进度、质量进行检查。

2. 竣工后进行验收。建设工程竣工后，发包人应当根据施工图纸及说明书、国家颁发的施工验收规范和质量检验标准及时进行验收。验收合格的，发包人应当按照约定支付价款，并接收该建设工程。建设工程竣工经验收合格后，方可交付使用；未经验收或者验收不合格的，不得交付使用。

因施工人的原因致使建设工程质量不符合约定的，发包人有权要求施工人在合理期限内无偿修理或者返工、改建。经过修理或者返工、改建后，造成逾期交付的，施工人应当承担违约责任。

3. 发包人应当提供必要施工条件。发包人未按照约定的时间和要求提供原材料、设备、场地、资金、技术资料的，承包人可以顺延工程日期，并有权要求赔偿停工、窝工等损失。

4. 因发包人的原因致使工程中途停建、缓建的，发包人应承担相应责任。因发包人的原因致使工程中途停建、缓建的，发包人应当采取措施弥补或者减少损失，赔偿承包人因此造成的停工、窝工、倒运、机械设备调迁、材料和构件积压等损失和实际费用。

5. 因发包人的原因造成勘察、设计的返工、停工或者修改设计的，发包人承担相应责任。因发包人变更计划，提供的资料不准确，或者未按照期限提供必需的勘察、设计工作条件而造成勘察、设计的返工、停工或者修改设计，发包人应当按照勘察人、设计人实际消耗的工作量增付费用。

（二）承包人的权利义务

在工程承包合同中，承包人主要有以下权利和义务。

1. 隐蔽工程在隐蔽以前，承包人应当通知发包人检查。发包人没有及时检查的，承包人可以顺延工程日期，并有权要求赔偿停工、窝工等损失。

2. 勘察、设计的质量不符合要求或者未按照期限提交勘察、设计文件拖延工期，造成发包人损失的，勘察人、设计人应当继续完善勘察、设计，减收或者免收勘察、设计费并赔偿损失。

3. 发包人未按照约定支付价款的，承包人可以催告发包人在合理期限内支付价款。发包人逾期不支付的，除按照建设工程的性质不宜折价、拍卖的以外，承包人可以与发包人协议将该工程折价，也可以申请人民法院将该工程依法拍卖。建设工程的价款就该工程折价或者拍卖的价款优先受偿。

四、建设工程合同的效力

根据合同法的规定，建设工程合同的效力一般可以区分为有效合同、可撤销的合司、效力待定的合同、无效合同四种类型。

（一）有效合同

中国 2017 年 10 月 1 日起施行的民法总则第 143 条规定，具备下列条件的民事法律行为有效：（1）行为人具有相应的民事行为能力；（2）意思表示真实；（3）不违反法律、行政法规的强制性规定，不违背公序良俗。结合该法规定，可以看出，有效合同具备以下要件。

1. 当事人签订合同时具有相应的缔约能力。建设工程合同主体为发包方和承包方。发包方是建设工程的建设单位，即投资建设该项工程的单位，建设工程的承包方是承担建设任务的单位，如果依照法律规定，承揽该工程需要相应资质的，则该建筑施工企业应当持有依法取得的资质证书，并在其资质等级许可的业务范围内承揽工程。

2. 合同当事人的意思表示真实。建设工程合同应当基于当事人真实意思表示签订的合同。

3. 双方签订合同不违反法律、行政法规的强制性规定，不违背公序良俗。

（二）可撤销的合同

合同法第 54 条规定，下列合同，当事人一方有权请求人民法院或者仲裁机构变更或者撤销：

（1）因重大误解订立的；

（2）在订立合同时显失公平的。

一方以欺诈、胁迫的手段或者乘人之危，使对方在违背真实意思的情况下订立的合同，受损害方有权请求人民法院或者仲裁机构变更或者撤销。当事人请求变更的，人民法院或者仲裁机构不得撤销。

同时，合同法第 55 条规定，有下列情形之一的，撤销权消灭：

（1）具有撤销权的当事人自知道或者应当知道撤销事由之日起一年内没有行使撤销权；

（2）具有撤销权的当事人知道撤销事由后明确表示或者以自己的行为放弃撤销权。

（三）效力待定的合同

以下合同为效力待定合同：

1. 限制民事行为能力人订立的合同效力待定。合同法第 47 条规定，限制民事行为能力人订立的合同，经法定代理人追认后，该合同有效，但纯获利益的合同或者与其年龄、智力、精神健康状况相适应而订立的合同，不必经法定代理人追认。相对人可以催告法定代理人在一个月内予以追认。法定代理人未作表示的，视为拒绝追认。合同被追认之前，善意相对人有撤销的权利。撤销应当以通知的方式作出。

2. 行为人没有代理权、超越代理权或者代理权终止后以被代理人名义订立的合同效力待定。合同法第 48 条规定，行为人没有代理权、超越代理权或者代理权终止后以被代理人名义订立的合同，未经被代理人追认，对被代理人不发生效力，由行为人承担责任。相对人可以催告被代理人在一个月内予以追认。被代理人未作表示的，视为拒绝追认。合同被追认之前，善意相对人有撤销的权利。撤销应当以通知的方式作出。

3. 无处分权的人处分他人财产的效力待定。合同法第 51 条规定，无处分权的人处分他人财产，经权利人追认或者无处分权的人订立合同后取得处分权的，该合同有效。

（四）无效合同

根据民法总则有关规定，民事无效行为主要有以下情形：

1. 无民事行为能力人实施的民事法律行为无效。

2. 行为人与相对人以虚假的意思表示实施的民事法律行为无效。

3. 违反法律、行政法规的强制性规定的民事法律行为无效，但是该强制性规定不导致该民事法律行为无效的除外。

4. 违背公序良俗的民事法律行为无效。

5. 行为人与相对人恶意串通，损害他人合法权益的民事法律行为无效。无效的或者被撤销的民事法律行为自始没有法律约束力。民事法律行为部分无效，不影响其他部分效力的，其他部分仍然有效。

民事法律行为无效、被撤销或者确定不发生效力后，行为人因该行为取得的财产，应当予以返还；不能返还或者没有必要返还的，应当折价补偿。有过错的一方应当赔偿对方由此所受到的损失；各方都有过错的，应当各自承担相应的责任。法律另有规定的，依照其规定。

合同法第 52 条规定了合同无效的情形：

（1）一方以欺诈、胁迫的手段订立合同，损害国家利益；

（2）恶意串通，损害国家、集体或者第三人利益；

（3）以合法形式掩盖非法目的；

（4）损害社会公共利益；

（5）违反法律、行政法规的强制性规定。

格外需要注意的是，合同法第 52 条第 5 项的“违反法律、行政法规的强制性规定”，《最高人民法院关于适用〈中华人民共和国合同法〉若干问题的解释（一）》第 4 条作出了解释，即：“合同法实施以后，人民法院确认合同无效，应当以全国人大及其常委会制定的法律和国务院制定的行政法规为依据，不得以地方性法规、行政规章为依据。”该规定将国务院部委的规章以及地方性法规排除在外。另外，《最高人民法院关于适用〈中华人民共和国合同法〉若干问题的解释（二）》第 14 条指出，合同法第 52 条第 5 项规定的“强制性规定”，是指效力性强制性规定。由此可以看出，中国法律尊重合同当事人的意思，一般不会加以干预，由当事人自主约定，采取自愿的原则。

【风险提示】

在中国，建设工程合同的主体基本排除了自然人，只有具备法定资质的单位才能成为建设工程合同的承包主体。此外，对建筑从业人员也有相应的条件限制。这是法律的强制性规定，违反法律强制性规定的建设工程合同无效。

建设工程施工合同涉及的工程通常体积庞大，消耗的人力、物力、财力多，一次性投资数额大，并且建设周期长，另外，合同除涉及双方当事人外，还可能涉及地方政府，工程所在地单位和个人的利益等。因此对建设工程施工合同要特别注意风险防控。

招标人与中标人按照招标文件和中标人的投标文件订立《建设工程施工合同》后，变更中标合同的实质性内容，该行为无效，以实质性变更内容签订的合同也无效。

【相关案例】

B 公司拒绝支付工程价款案

A 公司承包了 B 公司开发的商品房建设工程，并签订了施工合同。该工程如期完成并经验收合格，但 B 公司尚欠 A 公司工程款 300 万元。A 公司将 B 公司起诉至法院。在诉讼中，B 公司以还欠另一公司的债务为由，拒绝支付工程价款。根据中国法律规定，建筑工程的承包人的优先受偿权优于抵押权和其他债权。因此，B 公司的抗辩理由不成立，应当向 A 公司支付剩余的工程价款。

【法条指引】

中华人民共和国合同法（节录）

第五十二条 有下列情形之一的，合同无效：

（一）一方以欺诈、胁迫的手段订立合同，损害国家利益；

（二）恶意串通，损害国家、集体或者第三人利益；

（三）以合法形式掩盖非法目的；

（四）损害社会公共利益；

（五）违反法律、行政法规的强制性规定。

第二百六十九条 建设工程合同是承包人进行工程建设，发包人支付价款的合同。

建设工程合同包括工程勘察、设计、施工合同。

第二百七十条 建设工程合同应当采用书面形式。

第二百七十六条 建设工程实行监理的，发包人应当与监理人采用书面形式订立委托监理合同。发包人与监理人的权利和义务以及法律责任，应当依照本法委托合同以及其他有关法律、行政法规的规定。

第二百七十七条 发包人在不妨碍承包人正常作业的情况下，可以随时对作业进度、质量进行检查。

第二百七十八条 隐蔽工程在隐蔽以前，承包人应当通知发包人检查。发包人没有及时检查的，承包人可以顺延工程日期，并有权要求赔偿停工、窝工等损失。

第二节 建设工程勘察合同

【规则要点】

为了指导建设工程勘察合同当事人的签约行为，维护合同当事人的合法权益，有关部委制定了《建设工程勘察合同（示范文本）》（GF-2016-0203）（以下简称《示范文本》）。《示范文本》由合同协议书、通用合同条款和专用合同条款三部分组成。

《示范文本》为非强制性使用文本，合同当事人可结合工程具体情况，根据《示范文本》订立合同，并按照法律法规和合同约定履行相应的权利义务，承担相应的法律责任。

《示范文本》适用于岩土工程勘察、岩土工程设计、岩土工程物探/测试/检测/监测、水文地质勘察及工程测量等工程勘察活动。

《示范文本》对承包人和发包人的权利义务和违约责任给出了较为全面和详细的列举，合同当事人在明确相关权利义务时，可以参考适用。

工程索赔是在合同履行过程中，由对方承担责任的情况造成的实际损失向对方提出经济补偿和（或）时间补偿的要求。

【理解与适用】

为了指导建设工程勘察合同当事人的签约行为，维护合同当事人的合法权益，依据《中华人民共和国合同法》《中华人民共和国建筑法》《中华人民共和国招标投标法》等相关法律法规的规定，住房和城乡建设部、国家工商行政管理总局制定了《建设工程勘察合同（示范文本）》（GF-2016-0203）（以下简称《示范文本》）。

一、《示范文本》的组成

《示范文本》由合同协议书、通用合同条款和专用合同条款三部分组成。

（一）合同协议书

《示范文本》合同协议书共计 12 条，主要包括工程概况、勘察范围和阶段、技术要求及工作量、合同工期、质量标准、合同价款、合同文件构成、承诺、词语定义、签订时间、签订地点、合同生效和合同份数内容，集中约定了合同当事人基本的合同权利义务。

（二）通用合同条款

通用合同条款是合同当事人根据《中华人民共和国合同法》《中华人民共和国建筑法》《中华人民共和国招标投标法》等相关法律规定，就工程勘察的实施及相关事项对合同当事人的权利义务作出的原则性约定。

通用合同条款具体包括一般约定、发包人、勘察人、工期、成果资料、后期服务、合同价款与支付、变更与调整、知识产权、不可抗力、合同生效与终止、合同解除、责任与保险、违约、索赔、争议解决及补充条款共计 17 条。上述条款安排既考虑了现行法律法规对工程建设的有关要求，也考虑了工程勘察管理的特殊需要。

（三）专用合同条款

专用合同条款是对通用合同条款原则性约定的细化、完善、补充、修改或另行约定的条款。合同当事人可以根据不同建设工程的特点及具体情况，通过双方的谈判、协商对相应的专用合同条款进行修改补充。

在使用专用合同条款时，应注意以下事项：

1. 专用合同条款编号应与相应的通用合同条款编号一致；

2. 合同当事人可以通过对专用合同条款的修改，满足具体项目工程勘察的特殊要求，避免直接修改通用合同条款；

3. 在专用合同条款中有横道线的地方，合同当事人可针对相应的通用合同条款进行细化、完善、补充、修改或另行约定；如无细化、完善、补充、修改或另行约定，则填写“无”或画“/”。

二、《示范文本》的性质和适用范围

《示范文本》为非强制性使用文本，合同当事人可结合工程具体情况，根据《示范文本》订立合同，并按照法律法规和合同约定履行相应的权利义务，承担相应的法律责任。

《示范文本》适用于岩土工程勘察、岩土工程设计、岩土工程物探/测试/检测/监测、水文地质勘察及工程测量等工程勘察活动，岩土工程设计也可使用《建设工程设计合同示范文本（专业建设工程）》（GF-2015-0210）。

适用《示范文本》时，一定要注意适用的工程范围，以免因适用工程范围错误而导致出现不必要的麻烦。

三、合同当事人主要权利义务

《示范文本》对承包人和发包人的权利义务给出了较为全面和详细的列举，合同当事人在明确相关权利义务时，可以参考适用。

（一）发包人主要权利义务

1. 发包人对勘察人的勘察工作有权依照合同约定实施监督，并对勘察成果予以验收。

2. 发包人对勘察人无法胜任工程勘察工作的人员有权提出更换。

3. 发包人拥有勘察人为其项目编制的所有文件资料的使用权，包括投标文件、成果资料和数据等。

4. 发包人应以书面形式向勘察人明确勘察任务及技术要求。

5. 发包人应提供开展工程勘察工作所需要的图纸及技术资料，包括总平面图、地形图、已有水准点和坐标控制点等，若上述资料由勘察人负责收集时，发包人应承担相关费用。

6. 发包人应提供工程勘察作业所需的批准及许可文件，包括立项批复、占用和挖掘道路许可等。

7. 发包人应为勘察人提供具备条件的作业场地及进场通道（包括土地征用、障碍物清除、场地平整、提供水电接口和青苗赔偿等）并承担相关费用。

8. 发包人应为勘察人提供作业场地内地下埋藏物（包括地下管线、地下构筑物等）的资料、图纸，没有资料、图纸的地区，发包人应委托专业机构查清地下埋藏物。若因发包人未提供上述资料、图纸，或提供的资料、图纸不实，致使勘察人在工程勘察工作过程中发生人身伤害或造成经济损失时，由发包人承担赔偿责任。

9. 发包人应按照法律法规规定为勘察人安全生产提供条件并支付安全生产防护费用，发包人不得要求勘察人违反安全生产管理规定进行作业。

10. 若勘察现场需要看守，特别是在有毒、有害等危险现场作业时，发包人应派人负责安全保卫工作；按国家有关规定，对从事危险作业的现场人员进行保健防护，并承担费用。发包人对安全文明施工有特殊要求时，应在专用合同条款中另行约定。

11. 发包人应对勘察人满足质量标准的已完工作，按照合同约定及时支付相应的工程勘察合同价款及费用。

（二）勘察人主要权利与义务

1. 勘察人在工程勘察期间，根据项目条件和技术标准、法律法规规定等方面的变化，有权向发包人提出增减合同工作量或修改技术方案的建议。

2. 除建设工程主体部分的勘察外，根据合同约定或经发包人同意，勘察人可以将建设工程其他部分的勘察分包给其他具有相应资质等级的建设工程勘察单位。发包人对分包的特殊要求应在专用合同条款中另行约定。

3. 勘察人对其编制的所有文件资料，包括投标文件、成果资料、数据和专利技术等拥有知识产权。

4. 勘察人应按勘察任务书和技术要求并依据有关技术标准进行工程勘察工作。

5. 勘察人应建立质量保证体系，按本合同约定的时间提交质量合格的成果资料，并对其质量负责。

6. 勘察人在提交成果资料后，应为发包人继续提供后期服务。

7. 勘察人在工程勘察期间遇到地下文物时，应及时向发包人和文物主管部门报告并妥善保护。

8. 勘察人开展工程勘察活动时应遵守有关职业健康及安全生产方面的各项法律法规的规定，采取安全防护措施，确保人员、设备和设施的安全。

9. 勘察人在燃气管道、热力管道、动力设备、输水管道、输电线路、临街交通要道及地下通道（地下隧道）附近等风险性较大的地点，以及在易燃易爆地段及放射、有毒环境中进行工程勘察作业时，应编制安全防护方案并制定应急预案。

10. 勘察人应在勘察方案中列明环境保护的具体措施，并在合同履行期间采取合理措施保护作业现场环境。

四、合同生效、终止与解除

双方在合同协议书中约定合同生效方式。发包人、勘察人履行合同全部义务，合同价款支付完毕，本合同即告终止。合同的权利义务终止后，合同当事人应遵循诚实信用原则，履行通知、协助和保密等义务。

有下列情形之一的，发包人、勘察人可以解除合同：

1. 因不可抗力致使合同无法履行；

2. 发生未按约定按时支付合同价款的情况，停止作业超过 28 天，勘察人有权解除合同，由发包人承担违约责任；

3. 勘察人将其承包的全部工程转包给他人或者肢解以后以分包的名义分别转包给他人，发包人有权解除合同，由勘察人承担违约责任；

4. 发包人和勘察人协商一致可以解除合同的其他情形。

一方依据上述约定要求解除合同的，应以书面形式向对方发出解除合同的通知，并在发出通知前不少于14日告知对方，通知到达对方时合同解除。因不可抗力致使合同无法履行时，发包人应按合同约定向勘察人支付已完工作量相对应比例的合同价款后解除合同。

合同解除后，勘察人应按发包人要求将自有设备和人员撤出作业场地，发包人应为勘察人撤出提供必要条件。

五、违约责任

《示范文本》对违约责任给出了较为全面和详细的列举，合同当事人在明确相关违约责任时，可以参考适用。

（一）发包人违约责任

1. 合同生效后，发包人无故要求终止或解除合同，勘察人未开始勘察工作的，不退还发包人已付的定金或发包人按照专用合同条款约定向勘察人支付违约金；勘察人已开始勘察工作的，若完成计划工作量不足50%的，发包人应支付勘察人合同价款的50%；完成计划工作量超过50%的，发包人应支付勘察人合同价款的100%。

2. 发包人发生其他违约情形时，发包人应承担由此增加的费用和工期延误损失，并给予勘察人合理赔偿。双方可在专用合同条款内约定发包人赔偿勘察人损失的计算方法或者发包人应支付违约金的数额或计算方法。

（二）勘察人违约责任

1. 合同生效后，勘察人因自身原因要求终止或解除合同，勘察人应双倍返还发包人已支付的定金或勘察人按照专用合同条款约定向发包人支付违约金。

2. 因勘察人原因造成工期延误的，应按专用合同条款约定向发包人支付违约金。

3. 因勘察人原因造成成果资料质量达不到合同约定的质量标准，勘察人应负责无偿给予补充完善使其达到质量合格。因勘察人原因导致工程质量安全事故或其他事故时，勘察人除负责采取补救措施外，应通过所投工程勘察责任保险向发包人承担赔偿责任或根据直接经济损失程度按专用合同条款约定向发包人支付赔偿金。

4. 勘察人发生其他违约情形时，勘察人应承担违约责任并赔偿因其违约给发包人造成的损失，双方可在专用合同条款内约定勘察人赔偿发包人损失的计算方法和赔偿金额。

六、索赔

索赔是工程承包中经常发生的正常现象。由于施工现场条件、气候条件的变化，施工进度、物价的变化，以及合同条款、规范、标准文件和施工图纸的变更、差异、延误等因素的影响，使得工程承包中不可避免地出现索赔。工程索赔是在合同履行过程中，由对方承担责任的情况造成的实际损失向对方提出经济补偿和（或）时间补偿的要求。

（一）发包人索赔

勘察人未按合同约定履行义务或发生错误以及应由勘察人承担责任的其他情形，造成工期延误及发包人的经济损失，除专用合同条款另有约定外，发包人可按下列程序以书面形式向勘察人索赔。

1. 违约事件发生后 7 日内，向勘察人发出索赔意向通知；

2. 发出索赔意向通知后 14 日内，向勘察人提出经济损失的索赔报告及有关资料；

3. 勘察人在收到发包人送交的索赔报告和有关资料或补充索赔理由、证据后，于 28 日内给予答复；

4. 勘察人在收到发包人送交的索赔报告和有关资料后 28 日内未予答复或未对发包人作进一步要求，视为该项索赔已被认可；

5. 当该违约事件持续进行时，发包人应阶段性向勘察人发出索赔意向，在违约事件终了后 21 日内，向勘察人送交索赔的有关资料和最终索赔报告。

索赔答复程序与上述第 3 项、第 4 项约定相同。

（二）勘察人索赔

发包人未按合同约定履行义务或发生错误以及应由发包人承担责任的其他情形，造成工期延误和（或）勘察人不能及时得到合同价款及勘察人的经济损失，除专用合同条款另有约定外，勘察人可按下列程序以书面形式向发包人索赔。

1. 违约事件发生后 7 日内，勘察人可向发包人发出要求其采取有效措施纠正违约行为的通知；发包人收到通知14日内仍不履行合同义务，勘察人有权停止作业，并向发包人发出索赔意向通知。

2. 发出索赔意向通知后14日内，向发包人提出延长工期和（或）补偿经济损失的索赔报告及有关资料；

3. 发包人在收到勘察人送交的索赔报告和有关资料或补充索赔理由、证据后，于28日内给予答复；

4. 发包人在收到勘察人送交的索赔报告和有关资料后28日内未予答复或未对勘察人作进一步要求，视为该项索赔已被认可；

5. 当该索赔事件持续进行时，勘察人应阶段性向发包人发出索赔意向，在索赔事件终了后21日内，向发包人送交索赔的有关资料和最终索赔报告。

索赔答复程序与上述第3项、第4项约定相同。

实践中，提出索赔的依据一般有以下方面：（1）招标文件、施工合同文本及附件、补充协议、施工现场的各类签认记录，经认可的施工进度计划书，工程图纸及技术规范等。（2）双方往来的信件及各种会议、会谈纪要。（3）施工进度计划和实际施工进度记录、施工现场的有关文件（施工记录、备忘录、施工月报、施工日志等）及工程照片。（4）气象资料、工程检查验收报告和各种技术鉴定报告、工程中送停电、送停水、道路开通和封闭的记录和证明。（5）国家有关法律法令政策性文件。（6）发包人或者工程师签认的签证。（7）工程核算资料、财务报告、财务凭证等各种验收报告和技术鉴定。（8）工程有关的图片和录像。（9）备忘录，对工程师或业主的口头指示和电话应随时书面记录，并给予书面确认。（10）投标前发包人提供的现场资料和参考资料等。

【风险提示】

需要注意的是，发包方不得将建设工程勘察、设计业务发包给不具有相应勘察、设计资质等级的建设工程勘察、设计单位。承包方必须在建设工程勘察、设计资质证书规定的资质等级和业务范围内承揽建设工程的勘察、设计业务。

如果发包人变更计划、发包人提供的资料不准确、发包人未按照期限提供必需的勘察、设计工作，都将导致勘察人支出额外的工作量，从而造成勘察费用的不合理增加。为此发包人应当承担不履行、不适当履行或迟延履行违约责任，按照勘察人实际消耗的工作量增付费用。

【法条指引】

中华人民共和国合同法（节录）

第一百一十一条 质量不符合约定的，应当按照当事人的约定承担违约责任。对违约责任没有约定或者约定不明确，依照本法第六十一条的规定仍不能确定的，受损害方根据标的的性质以及损失的大小，可以合理选择要求对方承担修理、更换、重作、退货、减少价款或者报酬等违约责任。

第一百一十二条 当事人一方不履行合同义务或者履行合同义务不符合约定的，在履行义务或者采取补救措施后，对方还有其他损失的，应当赔偿损失。

第二百七十四条 勘察、设计合同的内容包括提交有关基础资料和文件（包括概预算）的期限、质量要求、费用以及其他协作条件等条款。

第二百八十二条 因承包人的原因致使建设工程在合理使用期限内造成人身和财产损害的，承包人应当承担损害赔偿责任。

第二百八十三条 发包人未按照约定的时间和要求提供原材料、设备、场地、资金、技术资料的，承包人可以顺延工程日期，并有权要求赔偿停工、窝工等损失。

第二百八十四条 因发包人的原因致使工程中途停建、缓建的，发包人应当采取措施弥补或者减少损失，赔偿承包人因此造成的停工、窝工、倒运、机械设备调迁、材料和构件积压等损失和实际费用。

第二百八十五条 因发包人变更计划，提供的资料不准确，或者未按照期限提供必需的勘察、设计工作条件而造成勘察、设计的返工、停工或者修改设计，发包人应当按照勘察人、设计人实际消耗的工作量增付费用。

第二百八十六条 发包人未按照约定支付价款的，承包人可以催告发包人在合理期限内支付价款。发包人逾期不支付的，除按照建设工程的性质不宜折价、拍卖的以外，承包人可以与发包人协议将该工程折价，也可以申请人民法院将该工程依法拍卖。建设工程的价款就该工程折价或者拍卖的价款优先受偿。

建设工程勘察设计管理条例（节录）

第二条 从事建设工程勘察、设计活动，必须遵守本条例。

本条例所称建设工程勘察，是指根据建设工程的要求，查明、分析、评价建设场地的地质地理环境特征和岩土工程条件，编制建设工程勘察文件的活动。

本条例所称建设工程设计，是指根据建设工程的要求，对建设工程所需的技术、经济、资源、环境等条件进行综合分析、论证，编制建设工程设计文件的活动。

第二十二条 建设工程勘察、设计的发包方与承包方，应当执行国家规定的建设工程勘察、设计程序。

第二十三条 建设工程勘察、设计的发包方与承包方应当签订建设工程勘察、设计合同。

第三节　建设工程设计合同

【规则要点】

为了指导建设工程设计合同当事人的签约行为，维护合同当事人的合法权益，有关部门制定了《建设工程设计合同示范文本（房屋建筑工程）》(GF-2015-0209)（以下简称《示范文本》)。《示范文本》由合同协议书、通用合同条款和专用合同条款三部分组成。

《示范文本》供合同双方当事人参照使用，可适用于方案设计招标投标、队伍比选等形式下的合同订立。发包人和设计人应当在专用合同条款中明确约定合同价款各组成部分的具体数额、合同价格形式、定金或预付款、进度款支付以及合同价款的结算与支付。

《示范文本》对承包人和发包人的权利义务给出了较为全面和详细的列举，合同当事人在明确相关权利义务时，可以参考适用。对于工程设计文件的交付与审查，示范文本给做了较为详细的列举，供承包人和发包人参考适用。

建设工程设计合同应约定违约责任，保障承包人或发包人违约时另一方的合法权益。

发包人与设计人协商一致，可以解除合同。任何一方因故须解除合同时，应提前30日书面通知对方，对合同中的遗留问题应取得一致意见并形成书面协议。

【理解与适用】

为了指导建设工程设计合同当事人的签约行为，维护合同当事人的合法权益，依据《中华人民共和国合同法》《中华人民共和国建筑法》《中华人民共和国招标投标法》以及相关法律法规，住房城乡建设部、工商总局制定了《建设工程设计合同示范文本（房屋建筑工程）》（GF-2015-0209）（以下简称《示范文本》）。

一、《示范文本》的组成

《示范文本》由合同协议书、通用合同条款和专用合同条款三部分组成。

（一）合同协议书

《示范文本》合同协议书集中约定了合同当事人基本的合同权利义务。

（二）通用合同条款

通用合同条款是合同当事人根据《中华人民共和国建筑法》《中华人民共和国合同法》等法律法规的规定，就工程设计的实施及相关事项，对合同当事人的权利义务作出的原则性约定。

通用合同条款既考虑了现行法律法规对工程建设的有关要求，也考虑了工程设计管理的特殊需要。

（三）专用合同条款

专用合同条款是对通用合同条款原则性约定的细化、完善、补充、修改或另行约定的条款。合同当事人可以根据不同建设工程的特点及具体情况，通过双方的谈判、协商对相应的专用合同条款进行修改补充。

在使用专用合同条款时，应注意以下事项。

1. 专用合同条款的编号应与相应的通用合同条款的编号一致；

2. 合同当事人可以通过对专用合同条款的修改，满足具体房屋建筑工程的特殊要求，避免直接修改通用合同条款；

3. 在专用合同条款中有横道线的地方，合同当事人可针对相应的通用合同条款进行细化、完善、补充、修改或另行约定；如无细化、完善、补充、修改或另行约定，则填写“无”或画“/”。

二、《示范文本》的性质和适用范围

《示范文本》供合同双方当事人参照使用，可适用于方案设计招标投标、队伍比选等形式下的合同订立。

《示范文本》适用于建设用地规划许可证范围内的建筑物构筑物设计、室外工程设计、民用建筑修建的地下工程设计及住宅小区、工厂厂前区、工厂生活区、小区规划设计及单体设计等，以及所包含的相关专业的设计内容（总平面布置、竖向设计、各类管网管线设计、景观设计、室内外环境设计及建筑装饰、道路、消防、智能、安保、通信、防雷、人防、供配电、照明、废水治理、空调设施、抗震加固等）等工程设计活动。

适用《示范文本》时，一定要注意适用的工程范围，以免因适用工程范围错误而导致出现不必要的麻烦。

三、合同当事人主要权利义务

《示范文本》对承包人和发包人的权利义务给出了较为全面和详细的列举，合同当事人在明确相关权利义务时，可以参考适用。

（一）发包人的权利义务

1. 发包人应遵守法律，并办理法律规定由其办理的许可、核准或备案，包括但不限于建设用地规划许可证、建设工程规划许可证、建设工程方案设计批准、施工图设计审查等许可、核准或备案。

发包人负责本项目各阶段设计文件向规划设计管理部门的送审报批工作，并负责将报批结果书面通知设计人。因发包人原因未能及时办理完毕前述许可、核准或备案手续，导致设计工作量增加和（或）设计周期延长时，由发包人承担由此增加的设计费用和（或）延长的设计周期。

2. 发包人应当负责工程设计的所有外部关系（包括但不限于当地政府主管部门等）的协调，为设计人履行合同提供必要的外部条件。

3. 专用合同条款约定的其他义务。

4. 发包人在法律允许的范围内有权对设计人的设计工作、设计项目和/或设计文件作出处理决定，设计人应按照发包人的决定执行，涉及设计周期和（或）设计费用等问题按约定处理。

5. 发包人应在专用合同条款约定的期限内对设计人书面提出的事项作出书面决定，如发包人不在确定时间内作出书面决定，设计人的设计周期相应延长。

6. 发包人应按合同约定向设计人及时足额支付合同价款。

7. 发包人应按合同约定及时接收设计人提交的工程设计文件。

（二）设计人的主要权利义务

1. 设计人应遵守法律和有关技术标准的强制性规定，完成合同约定范围内的房屋建筑工程方案设计、初步设计、施工图设计，提供符合技术标准及合同要求的工程设计文件，提供施工配合服务。

设计人应当按照专用合同条款约定配合发包人办理有关许可、核准或备案手续的，因设计人原因造成发包人未能及时办理许可、核准或备案手续，导致设计工作量增加和（或）设计周期延长时，由设计人自行承担由此增加的设计费用和（或）设计周期延长的责任。

2. 设计人应当完成合同约定的工程设计其他服务。

3. 专用合同条款约定的其他义务。

4. 项目负责人应为合同当事人所确认的人选，并在专用合同条款中明确项目负责人的姓名、执业资格及等级、注册执业证书编号、联系方式及授权范围等事项，项目负责人经设计人授权后代表设计人负责履行合同。

5. 发包人有权书面通知设计人更换其认为不称职的项目负责人，通知中应当载明要求更换的理由。对于发包人有理由的更换要求，设计人应在收到书面更换通知后在专用合同条款约定的期限内进行更换，并将新任命的项目负责人的注册执业资格、管理经验等资料书面通知发包人。设计人无正当理由拒绝更换项目负责人的，应按照专用合同条款的约定承担违约责任。

6. 除专用合同条款对期限另有约定外，设计人应在接到开始设计通知后7日内，向发包人提交设计人项目管理机构及人员安排的报告，其内容应包括建筑、结构、给排水、暖通、电气等专业负责人名单及其岗位、注册执业资格等。

7. 设计人委派到工程设计中的设计人员应相对稳定。设计过程中如有变动，设计人应及时向发包人提交工程设计人员变动情况的报告。设计人更换专业负责人时，应提前7日书面通知发包人，除专业负责人无法正常履职情形外，还应征得发包人书面同意。通知中应当载明继任人员的注册执业资格、执业经验等资料。

8. 发包人对于设计人主要设计人员的资格或能力有异议的，设计人应提供资料证明被质疑人员有能力完成其岗位工作或不存在发包人所质疑的情形。发包人要求撤换不能按照合同约定履行职责及义务的主要设计人员的，设计人认为发包人有理由的，应当撤换。设计人无正当理由拒绝撤换的，应按照专用合同条款的约定承担违约责任。

9. 设计人不得将其承包的全部工程设计转包给第三人，或将其承包的全部工程设计肢解后以分包的名义转包给第三人。设计人不得将工程主体结构、关键性工作及专用合同条款中禁止分包的工程设计分包给第三人，工程主体结构、关键性工作的范围由合同当事人按照法律规定在专用合同条款中予以明确。设计人不得进行违法分包。

10. 设计人应按专用合同条款的约定或经过发包人书面同意后进行分包，确定分包人。按照合同约定或经过发包人书面同意后进行分包的，设计人应确保分包人具有相应的资质和能力。工程设计分包不减轻或免除设计人的责任和义务，设计人和分包人就分包工程设计向发包人承担连带责任。

11. 设计人应按照专用合同条款的约定向发包人提交分包人的主要工程设计人员名单、注册执业资格及执业经历等。

需要注意的是，发包方不得将建设工程勘察、设计业务发包给不具有相应勘察、设计资质等级的建设工程勘察、设计单位。承包方必须在建设工程勘察、设计资质证书规定的资质等级和业务范围内承揽建设工程的勘察、设计业务。

四、工程设计文件的交付与审查

在建筑工程设计项目中，工程设计文件是十分重要核心的内容。因此，对于工程设计文件的交付与审查，示范文本给做了较为详细的列举，供承包人和发包人参考适用。

（一）工程设计文件的交付

发包人可以要求设计人提交专用合同条款约定的具体形式的电子版设计文件。

设计人交付工程设计文件给发包人，发包人应当出具书面签收单，内容包括图纸名称、图纸内容、图纸形式、份数、提交和签收日期、提交人与接收人的亲笔签名。

（二）工程设计文件审查

1. 设计人的工程设计文件应报发包人审查同意。

审查的范围和内容在发包人要求中约定。审查的具体标准应符合法律规定、技术标准要求和本合同约定。

除专用合同条款对期限另有约定外，自发包人收到设计人的工程设计文件以及设计人的通知之日起，发包人对设计人的工程设计文件审查期不超过 15 日。

发包人不同意工程设计文件的，应以书面形式通知设计人，并说明不符合合同要求的具体内容。设计人应根据发包人的书面说明，对工程设计文件进行修改后重新报送发包人审查，审查期重新起算。

合同约定的审查期满，发包人没有作出审查结论也没有提出异议的，视为设计人的工程设计文件已获发包人同意。

2. 设计人的工程设计文件不需要政府有关部门审查或批准的，设计人应当严格按照经发包人审查同意的工程设计文件进行修改，如果发包人的修改意见超出或更改了发包人要求，发包人应当根据约定，向设计人另行支付费用。

3. 工程设计文件需要政府有关部门审查或批准的，发包人应在审查同意设计人的工程设计文件后在专用合同条款约定的期限内，向政府有关部门报送工程设计文件，设计人应予以协助。

对于政府有关部门的审查意见，不需要修改发包人要求的，设计人须按该审查意见修改设计人的工程设计文件；需要修改发包人要求的，发包人应重新提出发包人要求，设计人应根据新提出的发包人要求修改设计人的工程设计文件，发包人应当根据约定，向设计人另行支付费用。

4. 发包人需要组织审查会议对工程设计文件进行审查的，审查会议的审查形式和时间安排，在专用合同条款中约定。发包人负责组织工程设计文件审查会议，并承担会议费用及发包人的上级单位、政府有关部门参加的审查会议的费用。

设计人按约定向发包人提交工程设计文件，有义务参加发包人组织的设计审查会议，向审查者介绍、解答、解释其工程设计文件，并提供有关补充资料。

发包人有义务向设计人提供设计审查会议的批准文件和纪要。设计人有义务按照相关设计审查会议批准的文件和纪要，并依据合同约定及相关技术标准，对工程设计文件进行修改、补充和完善。

5. 因设计人原因，未能按约定的时间向发包人提交工程设计文件，致使工程设计文件审查无法进行或无法按期进行，造成设计周期延长、窝工损失及发包人增加费用的，设计人应按约定承担责任。

因发包人原因，致使工程设计文件审查无法进行或无法按期进行，造成设计周期延长、窝工损失及设计人增加的费用，由发包人承担。

6. 因设计人原因造成工程设计文件不合格致使工程设计文件审查无法通过的，发包人有权要求设计人采取补救措施，直至达到合同要求的质量标准，并按约定承担责任。

因发包人原因造成工程设计文件不合格致使工程设计文件审查无法通过的，由此增加的设计费用和（或）延长的设计周期由发包人承担。

7. 工程设计文件的审查，不减轻或免除设计人依据法律应当承担的责任。

五、合同价款与支付

发包人和设计人应当在专用合同条款中明确约定合同价款各组成部分的具体数额、合同价格形式、定金或预付款、进度款支付以及合同价款的结算与支付。

（一）合同价款的确定

发包人和设计人应当在专用合同条款中明确约定合同价款各组成部分

的具体数额，主要包括：(1) 工程设计基本服务费用；(2) 工程设计其他服务费用；(3) 在未签订合同前发包人已经同意或接受或已经使用的设计人为发包人所做的各项工作的相应费用等。

(二) 合同价格形式

发包人和设计人应在合同协议书中选择下列一种合同价格形式。

1. 单价合同

单价合同是指合同当事人约定以建筑面积（包括地上建筑面积和地下建筑面积）每平方米单价或实际投资总额的一定比例等进行合同价格计算、调整和确认的建设工程设计合同，在约定的范围内合同单价不作调整。合同当事人应在专用合同条款中约定单价包含的风险范围和风险费用的计算方法，并约定风险范围以外的合同价格的调整方法。

2. 总价合同

总价合同是指合同当事人约定以发包人提供的上一阶段工程设计文件及有关条件进行合同价格计算、调整和确认的建设工程设计合同，在约定的范围内合同总价不作调整。合同当事人应在专用合同条款中约定总价包含的风险范围和风险费用的计算方法，并约定风险范围以外的合同价格的调整方法。

3. 其他价格形式

合同当事人可在专用合同条款中约定其他合同价格形式。

(三) 定金或预付款

定金的比例不应超过合同总价款的20%。预付款的比例由发包人与设计人协商确定，一般不低于合同总价款的20%。

定金或预付款的支付按照专用合同条款约定执行，但最迟应在开始设计通知载明的开始设计日期前专用合同条款约定的期限内支付。

(四) 进度款支付

发包人应当按照专用合同条款约定的付款条件及时向设计人支付进度款。

在对已付进度款进行汇总和复核中发现错误、遗漏或重复的，发包人和设计人均有权提出修正申请。经发包人和设计人同意的修正，应在下期进度付款中支付或扣除。

(五) 合同价款的结算与支付

对于采取固定总价形式的合同，发包人应当按照专用合同条款附件约定及时支付尾款。

对于采取固定单价形式的合同，发包人与设计人应当按照专用合同条款附件约定的结算方式及时结清工程设计费，并将结清未支付的款项一次性支付给设计人。

对于采取其他价格形式的，也应按专用合同条款的约定及时结算和支付。

发包人应将合同价款支付至合同协议书中约定的设计人账户。

六、违约责任

建设工程设计合同约定违约责任，能有效保障承包人或发包人违约时，另一方的合法权益。

（一）发包人的违约责任

1. 合同生效后，发包人因非设计人原因要求终止或解除合同，设计人未开始设计工作的，不退还发包人已付的定金或发包人按照专用合同条款的约定向设计人支付违约金；已开始设计工作的，发包人应按照设计人已完成的实际工作量计算设计费，完成工作量不足一半时，按该阶段设计费的一半支付设计费；超过一半时，按该阶段设计费的全部支付设计费。

2. 发包人未按专用合同条款附件约定的金额和期限向设计人支付设计费的，应按专用合同条款约定向设计人支付违约金。逾期超过 15 日时，设计人有权书面通知发包人中止设计工作。自中止设计工作之日起 15 日内发包人支付相应费用的，设计人应及时根据发包人要求恢复设计工作；自中止设计工作之日起超过 15 日后发包人支付相应费用的，设计人有权确定重新恢复设计工作的时间，且设计周期相应延长。

3. 发包人的上级或设计审批部门对设计文件不进行审批或本合同工程停建、缓建，发包人应在事件发生之日起 15 日内按本合同的约定向设计人结算并支付设计费。

4. 发包人擅自将设计人的设计文件用于本工程以外的工程或交第三方使用时，应承担相应法律责任，并应赔偿设计人因此遭受的损失。

（二）设计人违约责任

1. 合同生效后，设计人因自身原因要求终止或解除合同，设计人应按发包人已支付的定金金额双倍返还给发包人或设计人按照专用合同条款约定向发包人支付违约金。

2. 由于设计人原因，未按专用合同条款附件约定的时间交付工程设计文件的，应按专用合同条款的约定向发包人支付违约金，前述违约金经双方确认后可在发包人应付设计费中扣减。

3. 设计人对工程设计文件出现的遗漏或错误负责修改或补充。由于设计人原因产生的设计问题造成工程质量事故或其他事故时，设计人除负责采取补救措施外，应当通过所投建设工程设计责任保险向发包人承担赔偿责任或者根据直接经济损失程度按专用合同条款约定向发包人支付赔偿金。

4. 由于设计人原因，工程设计文件超出发包人与设计人书面约定的主要技术指标控制值比例的，设计人应当按照专用合同条款的约定承担违约责任。

5. 设计人未经发包人同意擅自对工程设计进行分包的，发包人有权要求设计人解除未经发包人同意的设计分包合同，设计人应当按照专用合同条款的约定承担违约责任。

发包人应保护承包人的设计版权，未经承包人同意，发包人对承包人交付的设计文件不得复制或向第三方转让或用于本合同外的项目，如发生以上情况，承包人有权索赔。

七、合同的解除

发包人与设计人协商一致，可以解除合同。任何一方因故需解除合同时，应提前30日书面通知对方，对合同中的遗留问题应取得一致意见并形成书面协议。

发包人与设计人协商一致，可以解除合同。

有下列情形之一的，合同当事人一方或双方可以解除合同。

其一，设计人工程设计文件存在重大质量问题，经发包人催告后，在合理期限内修改后仍不能满足国家现行深度要求或不能达到合同约定的设计质量要求的，发包人可以解除合同；

其二，发包人未按合同约定支付设计费用，经设计人催告后，在30日内仍未支付的，设计人可以解除合同；

其三，暂停设计期限已连续超过 180 日，专用合同条款另有约定的除外；

其四，因不可抗力致使合同无法履行；

其五，因一方违约致使合同无法实际履行或实际履行已无必要；

其六，因本工程项目条件发生重大变化，使合同无法继续履行。

任何一方因故须解除合同时，应提前 30 日书面通知对方，对合同中的遗留问题应取得一致意见并形成书面协议。

【风险提示】

设计文件中选用的材料、构配件、设备，应当注明其规格、型号、性能等技术指标，其质量要求必须符合国家规定的标准。除有特殊要求的建筑材料、专用设备和工艺生产线等外，设计单位不得指定生产厂、供应商。

发包人逾期支付定金或预付款超过专用合同条款约定的期限的，设计人有权向发包人发出要求支付定金或预付款的催告通知，发包人收到通知后 7 日内仍未支付的，设计人有权不开始设计工作或暂停设计工作。

合同解除后，发包人除应按约定及专用合同条款约定期限内向设计人支付已完工作的设计费外，应当向设计人支付由于非设计人原因合同解除导致设计人增加的设计费用，违约一方应当承担相应的违约责任。

【法条指引】

中华人民共和国合同法（节录）

第九十三条 当事人协商一致，可以解除合同。

当事人可以约定一方解除合同的条件。解除合同的条件成就时，解除权人可以解除合同。

第一百零七条 当事人一方不履行合同义务或者履行合同义务不符合约定的，应当承担继续履行、采取补救措施或者赔偿损失等违约责任。

第二百七十四条 勘察、设计合同的内容包括提交有关基础资料和文件（包括概预算）的期限、质量要求、费用以及其他协作条件等条款。

第二百八十六条 发包人未按照约定支付价款的，承包人可以催告发包人在合理期限内支付价款。发包人逾期不支付的，除按照建设工程的性质不宜折价、拍卖的以外，承包人可以与发包人协议将该工程折价，也可以申请人民法院将该工程依法拍卖。建设工程的价款就该工程折价或者拍卖的价款优先受偿。

建设工程勘察设计管理条例（节录）

第二条 从事建设工程勘察、设计活动，必须遵守本条例。

本条例所称建设工程勘察，是指根据建设工程的要求，查明、分析、评价建设场地的地质地理环境特征和岩土工程条件，编制建设工程勘察文件的活动。

本条例所称建设工程设计，是指根据建设工程的要求，对建设工程所需的技术、经济、资源、环境等条件进行综合分析、论证，编制建设工程设计文件的活动。

第二十二条 建设工程勘察、设计的发包方与承包方，应当执行国家规定的建设工程勘察、设计程序。

第二十三条 建设工程勘察、设计的发包方与承包方应当签订建设工程勘察、设计合同。

第三十条 建设工程勘察、设计单位应当在建设工程施工前，向施工单位和监理单位说明建设工程勘察、设计意图，解释建设工程勘察、设计文件。

建设工程勘察、设计单位应当及时解决施工中出现的勘察、设计问题。

第四节 建设工程施工合同

【规则要点】

为了指导建设工程施工合同当事人的签约行为，维护合同当事人的合法权益，有关部门制定了《建设工程施工合同示范文本》(GF-2017-0201)。

要注意建设工程施工合同的无效认定及其法律后果。在一定情况下，发包人或承包人可以解除建设工程合同。

中国法律对建设工程的质量要求很高，工程质量标准必须符合现行国家有关工程施工质量验收规范和标准的要求。工程价款及利息结算时，当事人意思自治优先，如果当事人对建设工程的计价标准或者计价方法有约定的，按照约定结算工程价款。

因建设工程施工合同发生争议后需要通过诉讼途径解决的，应当以施工行为地为合同履行地，并需要确定具体被告。

【理解与适用】

一、建设工程施工合同的主要内容

建设工程施工合同适用的示范文本主要为《建设工程施工合同示范文本》（GF-2017-0201），中国的各类建设工程施工合同基本都采用了这一示范合同文本。

建设工程施工合同的主要内容一般来说由以下几个部分组成。

1. 双方签订的合同协议书

合同协议书是合同双方就建设工程施工合同内容达成合意的书面确认。合同协议书主要包括：工程概况、合同工期、质量标准、签约合同价和合同价格形式、项目经理、合同文件构成、承诺以及合同生效条件等重要内容，集中约定了合同当事人基本的合同权利义务。

2. 中标通知书

确定中标人后，按施工招标文件确定的格式拟定。

3. 投标书及附件

投标书及附件中包含订立合同的双方在合同中相互承诺的条件。

4. 通用合同条款

通用合同条款是合同当事人根据《中华人民共和国建筑法》《中华人民共和国合同法》等法律法规的规定，就工程建设的实施及相关事项，对合同当事人的权利义务作出的原则性约定。通用合同具体条款一般包含：一般约定、发包人、承包人、监理人、工程质量、安全文明施工与环境保护、工期和进度、材料与设备、试验与检验、变更、价格调整、合同价格、计量与支付、验收和工程试车、竣工结算、缺陷责任与保修、违约、不可抗力、保险、索赔和争议解决。

5. 专用合同条款

专用合同条款是对通用合同条款原则性约定的细化、完善、补充、修改或另行约定的条款。合同当事人可以根据不同建设工程的特点及具体情况，通过双方的谈判、协商对相应的专用合同条款进行修改补充。

6. 本工程适用的技术标准和要求

技术标准和要求是施工合同中根据工程的安全、质量和进度目标，约定合同双方应遵守的内容，对技术标准中的强制性规定必须严格遵守。

7. 图纸

指由发包人提供或承包人提供经工程师批准，满足承包人施工需要的所有图纸。

8. 其他文件

如工程量清单、工程报价单或预算书。

在使用专用合同条款时，应注意以下事项。

其一，专用合同条款的编号应与相应的通用合同条款的编号一致；

其二，合同当事人可以通过对专用合同条款的修改，满足具体建设工程的特殊要求，避免直接修改通用合同条款；

其三，在专用合同条款中有横道线的地方，合同当事人可针对相应的通用合同条款进行细化、完善、补充、修改或另行约定；如无细化、完善、补充、修改或另行约定，则填写“无”或画“/”。

二、建设工程施工合同无效的认定及处理

无效合同是指已成立，但因欠缺法定的有效要件，在法律上自始不发生法律效力的合同。建设工程施工合同具有法律规定的无效情形的，应当认定无效。

建设工程施工合同具有下列情形之一的，应当认定无效。

一是承包人未取得建筑施工企业资质或者超越资质等级的；

二是没有资质的实际施工人借用有资质的建筑施工企业名义的；建设工程必须进行招标而未招标或者中标无效的。

如果建设工程施工合同无效，并且建设工程经竣工验收不合格，那么应当按照以下情形分别处理。

（1）修复后的建设工程经竣工验收合格，发包人可以请求承包人承担

修复费用。

(2) 修复后的建设工程经竣工验收不合格，承包人无权请求支付工程价款。

因建设工程不合格造成的损失，发包人有过错的，也应承担相应的民事责任。

承包人非法转包、违法分包建设工程或者没有资质的实际施工人借用有资质的建筑施工企业名义与他人签订建设工程施工合同的行为无效。如果承包人超越资质等级许可的业务范围签订建设工程施工合同，在建设工程竣工前取得相应资质等级，则该合同不属于无效合同情形。

三、建设工程施工合同的解除

建设工程合同的解除，是指建设工程合同依法成立后，开始履行之前或者未全部履行完毕之前，当事人根据法律规定或合同约定的条件和程序，请求解除双方的承包合同法律关系。

承包人具有下列情形之一，发包人可以请求解除建设工程施工合同。

(1) 明确表示或者以行为表明不履行合同主要义务的；

(2) 合同约定的期限内没有完工，且在发包人催告的合理期限内仍未完工的；

(3) 已经完成的建设工程质量不合格，并拒绝修复的；

(4) 将承包的建设工程非法转包、违法分包的。

发包人具有下列情形之一，致使承包人无法施工，且在催告的合理期限内仍未履行相应义务，承包人有权请求解除建设工程施工合同。

(1) 未按约定支付工程价款的；

(2) 提供的主要建筑材料、建筑构配件和设备不符合强制性标准的；

(3) 不履行合同约定的协助义务的。

建设工程施工合同解除后，已经完成的建设工程质量合格的，发包人应当按照约定支付相应的工程价款；已经完成的建设工程质量不合格的，参照《最高人民法院关于审理建设工程施工合同纠纷案件适用法律问题的解释》第3条规定处理。因一方违约导致合同解除的，违约方应当赔偿因此而给对方造成的损失。

建设工程施工合同解除后，已经完成的建设工程质量合格的，发包人应当按照约定支付相应的工程价款。因一方违约导致合同解除的，违约方应当赔偿因此而给对方造成的损失。

四、建设工程施工合同的工程质量

中国法律对建设工程的质量要求很高，工程质量标准必须符合现行国家有关工程施工质量验收规范和标准的要求。《建设工程施工合同示范文本》（GF-2017-0201）通用条款第5.1条对工程质量也作出了规定：工程质量标准必须符合现行国家有关工程施工质量验收规范和标准的要求。有关工程质量的特殊标准或要求由合同当事人在专用合同条款中约定。

根据《最高人民法院关于审理建设工程施工合同纠纷案件适用法律问题的解释》第12条的规定，发包人具有下列情形之一，造成建设工程质量缺陷，应当承担过错责任。

（1）提供的设计有缺陷；

（2）提供或者指定购买的建筑材料、建筑构配件、设备不符合强制性标准；

（3）直接指定分包人分包专业工程。

承包人有过错的，也应当承担相应的过错责任。因承包人的过错造成建设工程质量不符合约定，承包人拒绝修理、返工或者改建，发包人可以请求减少支付工程价款。

另外，针对建设工程未经竣工验收就使用的情形，《最高人民法院关于审理建设工程施工合同纠纷案件适用法律问题的解释》第13条规定，建设工程未经竣工验收，发包人擅自使用后，又以使用部分质量不符合约定为由主张权利的，不予支持；但是承包人应当在建设工程的合理使用寿命内对地基基础工程和主体结构质量承担民事责任。

如果当事人对建设工程实际竣工日期有争议的，按照以下情形分别处理。

（1）建设工程经竣工验收合格的，以竣工验收合格之日为竣工日期；

（2）承包人已经提交竣工验收报告，发包人拖延验收的，以承包人提交验收报告之日为竣工日期；

（3）建设工程未经竣工验收，发包人擅自使用的，以转移占有建设工程之日为竣工日期。

建设工程竣工前，当事人对工程质量发生争议，工程质量经鉴定合格的，鉴定期间为顺延工期期间。

如果当事人对工程量有争议的，按照施工过程中形成的签证等书面文件确认。承包人能够证明发包人同意其施工，但未能提供签证文件证明工程量发生的，可以按照当事人提供的其他证据确认实际发生的工程量。

五、建设工程施工合同的价款结算

工程价款及利息结算时，当事人意思自治优先，如果当事人对建设工程的计价标准或者计价方法有约定的，按照约定结算工程价款。

当事人对建设工程的计价标准或者计价方法有约定的，按照约定结算工程价款。因设计变更导致建设工程的工程量或者质量标准发生变化，当事人对该部分工程价款不能协商一致的，可以参照签订建设工程施工合同时当地建设行政主管部门发布的计价方法或者计价标准结算工程价款。建设工程施工合同有效，但建设工程经竣工验收不合格的，工程价款结算参照《最高人民法院关于审理建设工程施工合同纠纷案件适用法律问题的解释》第3条规定处理。

当事人对欠付工程价款利息计付标准有约定的，按照约定处理；没有约定的，按照中国人民银行发布的同期同类贷款利率计息。

利息从应付工程价款之日计付。当事人对付款时间没有约定或者约定不明的，下列时间视为应付款时间。

一是建设工程已实际交付的，为交付之日；

二是建设工程没有交付的，为提交竣工结算文件之日；

三是建设工程未交付，工程价款也未结算的，为当事人起诉之日。

当事人约定，发包人收到竣工结算文件后，在约定期限内不予答复，视为认可竣工结算文件的，按照约定处理。承包人可以请求按照竣工结算文件结算工程价款。

当事人就同一建设工程另行订立的建设工程施工合同与经过备案的中标合同实质性内容不一致的，应当以备案的中标合同作为结算工程价款的根据。

当事人约定按照固定价结算工程价款，一方当事人请求对建设工程造价进行鉴定的，人民法院不予支持。

另外，针对实践中经常存在的垫资情形，法律也作出了相应规定。《最高人民法院关于审理建设工程施工合同纠纷案件适用法律问题的解释》第6条规定，当事人对垫资和垫资利息有约定，承包人请求按照约定返还垫资及其利息的，应予支持，但是约定的利息计算标准高于中国人民银行发布的同期同类贷款利率的部分除外。当事人对垫资没有约定的，按照工程欠款处理。当事人对垫资利息没有约定，承包人请求支付利息的，不予支持。

六、建设工程施工合同争议解决

因建设工程施工合同发生争议后需要通过诉讼途径解决的，应当以施工行为地为合同履行地，并需要确定具体被告。

根据《最高人民法院关于审理建设工程施工合同纠纷案件适用法律问题的解释》第24条的规定，建设工程施工合同纠纷以施工行为地为合同履行地。因建设工程质量发生争议的，发包人可以以总承包人、分包人和实际施工人为共同被告提起诉讼。

实际施工人以转包人、违法分包人为被告起诉的，人民法院应当依法受理。实际施工人以发包人为被告主张权利的，人民法院可以追加转包人或者违法分包人为本案当事人。发包人只在欠付工程价款范围内对实际施工人承担责任。

【风险提示】

建设工程施工合同中约定的建设工程质量标准低于国家规定的工程质量强制性安全标准的，该约定无效；合同约定的质量标准高于国家规定的强制性标准的，应当认定该约定有效。

需要注意的是，具有劳务作业法定资质的承包人与总承包人、分包人签订的劳务分包合同，不违反法律规定的，是有效合同。

因保修人未及时履行保修义务，导致建筑物毁损或者造成人身、财产损害的，保修人应当承担赔偿责任。保修人与建筑物所有人或者发包人对建筑物毁损均有过错的，各自承担相应的责任。

【相关案例】

案例1　无资质者借用他人名义签订施工合同无效案

A公司挂靠于B公司，以B公司名义承揽了一项工程，并与发包人C公司签订了施工合同。由于A公司的技术较差，造成了工程质量缺陷。C公司以此为由，不予支付余下的工程款。A公司以B公司名义将C公司告上了法庭。本案中，A公司以B公司名义与C公司签订的施工合同，是没有资质的实际施工人借用有资质的建筑企业名义签订的合同，属无效合同，不具有法律效力。

案例2　工程质量不合格无权要求支付工程价款案

原告、被告签订建筑安装工程承包合同一份，合同签订后，原告进行施工。现该工程处于停滞状态，原告未全部完工，亦未要求对工程进行竣工验收结算。原告以被告未按照约定向其支付工程款诉至法院。诉讼中，被告提出鉴定申请，要求对未竣工的现状工程是否达到合同及施工图设计要求、质量是否合格等进行鉴定。经鉴定，已施工工程质量达不到合格标准。法院经审理认为，建筑工程只有竣工经验收合格后，方可交付使用；未经验收或者验收不合格的，不得交付使用。在建设工程尚未竣工验收，工程已经停滞的情况下，施工方主张支付工程价款，亦应以所施工工程质量合格为前提条件，若施工的工程质量不合格，则无权要求发包方支付工程价款。

案例3　应以中标合同结算价款案

某市招标投标中心确定H公司为S公司工程的中标人，向H公司发了中标通知书后，H公司与S公司签订了《施工协议》，后双方又签订《补充协议》，约定：以工程结算税前总额8%让利发包方。又过了几日，双方签订了《变更补充协议》，约定工程税前造价让利4%。本案中，两份协议在实质性内容方面不一致，第一份《补充协议》是根据中标文件签订的合同，因此，当事人就同一建设工程另行订立的建设工程施工合同与经过备案的中标合同实质性内容不一致的，应当以备案的中标合同作为结算工程价款的根据。

【法条指引】

中华人民共和国合同法（节录）

第二百七十五条 施工合同的内容包括工程范围、建设工期、中间交工工程的开工和竣工时间、工程质量、工程造价、技术资料交付时间、材料和设备供应责任、拨款和结算、竣工验收、质量保修范围和质量保证期、双方相互协作等条款。

第二百七十九条 建设工程竣工后，发包人应当根据施工图纸及说明书、国家颁发的施工验收规范和质量检验标准及时进行验收。验收合格的，发包人应当按照约定支付价款，并接收该建设工程。

建设工程竣工经验收合格后，方可交付使用；未经验收或者验收不合格的，不得交付使用。

中华人民共和国建筑法（节录）

第六十一条 交付竣工验收的建筑工程，必须符合规定的建筑工程质量标准，有完整的工程技术经济资料和经签署的工程保修书，并具备国家规定的其他竣工条件。

建筑工程竣工经验收合格后，方可交付使用；未经验收或者验收不合格的，不得交付使用。

最高人民法院关于审理建设工程施工合同纠纷案件适用法律问题的解释（节录）

第一条 建设工程施工合同具有下列情形之一的，应当根据合同法第五十二条第（五）项的规定，认定为无效：

（一）承包人未取得建筑施工企业资质或者超越资质等级的；

（二）没有资质的实际施工人借用有资质的建筑施工企业名义的；

（三）建设工程必须进行招标而未招标或者中标无效的。

第三条 建设工程施工合同无效，且建设工程经竣工验收不合格的，按照以下情形分别处理：

（一）修复后的建设工程经竣工验收合格，发包人请求承包人承担修复费用的，应予支持；

（二）修复后的建设工程经竣工验收不合格，承包人请求支付工程价款的，不予支持。

因建设工程不合格造成的损失，发包人有过错的，也应承担相应的民事责任。

第二十一条 当事人就同一建设工程另行订立的建设工程施工合同与经过备案的中标合同实质性内容不一致的，应当以备案的中标合同作为结算工程价款的根据。

第二十四条 建设工程施工合同纠纷以施工行为地为合同履行地。

第二十五条 因建设工程质量发生争议的，发包人可以以总承包人、分包人和实际施工人为共同被告提起诉讼。

第二十六条第一款 实际施工人以转包人、违法分包人为被告起诉的，人民法院应当依法受理。

第五节　建设工程委托监理合同

【规则要点】

为了保护相关当事人合法权益，规范建设工程监理行为，有关部门制定了《建设工程监理范围和规模标准规定》。该标准明确了工程监理范围和规模标准规定。

建设工程实施监理的，发包人应当与监理人采用书面形式订立委托监理合同。监理合同由建设工程委托监理合同、标准条件和专用条件组成。

工程监理单位应当在其资质等级许可的监理范围内，承担工程监理业务。工程监理单位应当根据建设单位的委托，客观、公正地执行监理任务。

【理解与适用】

一、工程监理范围

中国推行建筑工程监理制度。2001 年 1 月 17 日施行的《建设工程监理范围和规模标准规定》明确了工程监理范围和规模标准规定。

根据《建设工程监理范围和规模标准规定》，下列建设工程必须实行监理。

（一）国家重点建设工程。

国家重点建设工程是指依据《国家重点建设项目管理办法》所确定的对国民经济和社会发展有重大影响的骨干项目。

（二）大中型公用事业工程

大中型公用事业工程是指项目总投资额在 3000 万元以上的下列工程项目：供水、供电、供气、供热等市政工程项目；科技、教育、文化等项目；体育、旅游、商业等项目；卫生、社会福利等项目；其他公用事业项目。

（三）达到一定规模的住宅小区

如成片开发建设的住宅小区工程；建筑面积在 5 万平方米以上的住宅建设工程必须实行监理；5 万平方米以下的住宅建设工程，可以实行监理，具体范围和规模标准，由省、自治区、直辖市人民政府建设行政主管部门规定。为了保证住宅质量，对高层住宅及地基、结构复杂的多层住宅应当实行监理。

（四）利用外国政府或者国际组织贷款、援助资金的工程。

利用外国政府或者国际组织贷款、援助资金的工程范围包括以下 3 种。

一是使用世界银行、亚洲开发银行等国际组织贷款资金的项目；

二是使用国外政府及其机构贷款资金的项目；

三是使用国际组织或者国外政府援助资金的项目。

（五）国家规定必须实行监理的其他工程。

国家规定必须实行监理的其他工程是指以下 2 种。

1. 项目总投资额在 3000 万元以上关系社会公共利益、公众安全的下列基础设施项目：

（1）煤炭、石油、化工、天然气、电力、新能源等项目；

（2）铁路、公路、管道、水运、民航以及其他交通运输业等项目；

（3）邮政、电信枢纽、通信、信息网络等项目；

（4）防洪、灌溉、排涝、发电、引（供）水、滩涂治理、水资源保护、水土保持等水利建设项目；

（5）道路、桥梁、地铁和轻轨交通、污水排放及处理、垃圾处理、地下管道、公共停车场等城市基础设施项目；

（6）生态环境保护项目；

（7）其他基础设施项目。

2. 学校、影剧院、体育场馆项目。

国务院建设行政主管部门商同国务院有关部门后，可以对《建设工程监理范围和规模标准规定》确定的必须实行监理的建设工程具体范围和规模标准进行调整。

二、工程委托监理合同内容

建设工程实施监理的，发包人应当与监理人采用书面形式订立委托监理合同。发包人与监理人的权利和义务以及法律责任，应当依照合同法委托合同以及其他有关法律、行政法规的规定。

建筑法规定，实行监理的建筑工程，由建设单位委托具有相应资质条件的工程监理单位监理。建设单位与其委托的工程监理单位应当订立书面委托监理合同。

根据《建设工程委托监理合同（示范文本）》，监理合同由建设工程委托监理合同、标准条件和专用条件组成。建设工程委托监理合同，主要内容是当事人双方确认的委托监理工程的概况；合同签订、生效、完成时间；双方履行约定的各项义务，以及合同文件的组成。除此之外还应包括：

（1）监理投标书或中标通知书；

（2）监理委托合同标准条件；

（3）监理委托合同专用条件；

（4）在实施过程中双方共同签署的补充与修正文件。

工程监理单位在监理活动中处于建设单位代表的地位，接受建设单位的委托，按照工程监理合同的约定对承包单位在施工质量、建设工期和建设资金使用等方面，代表建设单位实施监督，对建设单位负责。监理单位如果发现承包单位的违法行为或者违反监理合同的行为，应当制止或向建设单位报告。

三、工程监理单位的义务和责任

建设单位和监理单位签订了委托监理合同就应当依照合同的规定履行义务，任何一方不能擅自违反合同的约定，否则将承担违约责任。

工程监理单位应当在其资质等级许可的监理范围内，承担工程监理业务。工程监理单位应当根据建设单位的委托，客观、公正地执行监理任务。工程监理单位与被监理工程的承包单位以及建筑材料，建筑构配件和设备供应单位不得有隶属关系或者其他利害关系。

工程监理单位不得转让工程监理业务。

工程监理单位不按照委托监理合同的约定履行监理义务，对应当监督检查的项目不检查或者不按照规定检查，给建设单位造成损失的，应当承担相应的赔偿责任。

工程监理单位与承包单位串通，为承包单位谋取非法利益，给建设单位造成损失的，应当与承包单位承担连带赔偿责任。

建筑工程监理应当依照法律、行政法规及有关的技术标准、设计文件和建筑规模承包合同，对承包单位在施工质量、建设工期和建设资金使用等方面，代表建设单位实施监督。

【风险提示】

工程监理人员认为工程施工不符合工程设计要求、施工技术标准和合同约定的，有权要求建筑施工企业改正。工程监理人员发现工程设计不符合建筑工程质量标准或者合同约定的质量要求的，应当报告建设单位要求设计单位改正。

【法条指引】

中华人民共和国建筑法（节录）

第三十条 国家推行建筑工程监理制度。

国务院可以规定实行强制监理的建筑工程的范围。

第三十四条 工程监理单位应当在其资质等级许可的监理范围内，承担工程监理业务。

工程监理单位应当根据建设单位的委托，客观、公正地执行监理任务。

工程监理单位与被监理工程的承包单位以及建筑材料、建筑构配件和设备供应单位不得有隶属关系或者其他利害关系。

工程监理单位不得转让工程监理业务。

中华人民共和国合同法（节录）

第二百七十六条 建设工程实行监理的，发包人应当与监理人采用书面形式订立委托监理合同。发包人与监理人的权利和义务以及法律责任，应当依照本法委托合同以及其他有关法律、行政法规的规定。

第六节 建设工程合同的工程质量

【规则要点】

工程质量必须符合国家或者行业质量验收规范和标准是国家强制性规定。为此，中国制定了《建筑工程施工质量验收统一标准》《建筑装饰装修工程质量验收标准》等规范。

建设单位是建设工程的重要责任主体，其对工程质量也要承担相应职责。建筑工程的勘察、设计单位必须对其勘察、设计的质量负责。施工单位的质量责任制度十分重要。因此施工单位是工程建设的重要责任主体之一。工程监理单位接受建设单位的委托，对建设工程进行管理。因此，工程监理单位也是建设工程质量的责任主体之一。

建设工程实行质量保修制度。质量保修书中应当明确建设工程的保修范围、保修期限和保修责任等。

中国实行建设工程质量监督管理制度。国务院建设行政主管部门对全国的建设工程质量实施统一监督管理。县级以上地方人民政府建设行政主管部门对本行政区域内的建设工程质量实施监督管理。

根据《建设工程质量管理条例》的规定，建设单位、施工单位、工程监理单位或行政管理部门违反该条例的，应当承担相应的法律责任。

【理解与适用】

建设工程竣工后，发包人应当根据施工图纸及说明书、国家颁发的施工验收规范和质量检验标准及时进行验收。交付竣工验收的建筑工程，必须符合规定的建筑工程质量标准，有完整的工程技术经济资料和经签署的工程保修书，并具备国家规定的其他竣工条件。建筑工程竣工经验收合格后，方可交付使用；未经验收或者验收不合格的，不得交付使用。

工程质量必须符合国家或者行业质量验收规范和标准是国家强制性规定。为此，中国制定了《建筑工程施工质量验收统一标准》《建筑装饰装修工程质量验收标准》等规范。2017 年 10 月 7 日《国务院关于修改部分行政法规的决定》修订《建设工程质量管理条例》。在中国境内从事建设工程的新建、扩建、改建等有关活动及实施对建设工程质量监督管理的，必须遵守该条例。

根据《建设工程质量管理条例》的规定，建设单位、勘察单位、设计单位、施工单位、工程监理单位依法对建设工程质量负责。县级以上人民政府建设行政主管部门和其他有关部门应当加强对建设工程质量的监督管理。从事建设工程活动，必须严格执行基本建设程序，坚持先勘察、后设计、再施工的原则。县级以上人民政府及其有关部门不得超越权限审批建设项目或者擅自简化基本建设程序。

一、建设单位的质量责任和义务

建设单位是建设工程的重要责任主体。建设单位有权选择承包单位，有权对建设过程进行检查、控制，对建设工程进行验收，并要按时支付工程款和费用等。因此，要确保建设工程的质量，首先就要对建设单位的行为进行规范。

建设单位的质量责任和义务主要表现在以下几个方面。

1. 建设单位应当将工程发包给具有相应资质等级的单位，不得将建设工程肢解发包。

2. 建设单位应当依法对工程建设项目的勘察、设计、施工、监理以及与工程建设有关的重要设备、材料等的采购进行招标。

3. 建设单位必须向有关的勘察、设计、施工、工程监理等单位提供与建设工程有关的原始资料。原始资料必须真实、准确、齐全。

4. 建设工程发包单位不得迫使承包方以低于成本的价格竞标，不得任意压缩合理工期。

5. 建设工程不得明示或者暗示设计单位或者施工单位违反工程建设强制性标准，降低建设工程质量。施工图设计文件未经审查批准的，不得使用。

6. 实行监理的建设工程，建设单位应当委托具有相应资质等级的工程监理单位进行监理，也可以委托具有工程监理相应资质等级并与被监理工程的施工承包单位没有隶属关系或者其他利害关系的该工程的设计单位进行监理。

7. 建设单位在领取施工许可证或者开工报告前，应当按照国家有关规定办理工程质量监督手续。

8. 按照合同约定，由建设单位采购建筑材料、建筑构配件和设备的，建设单位应当保证建筑材料、建筑构配件和设备符合设计文件和合同要求。建设单位不得明示或者暗示施工单位使用不合格的建筑材料、建筑构配件和设备。

9. 涉及建筑主体和承重结构变动的装修工程，建设单位应当在施工前委托原设计单位或者具有相应资质等级的设计单位提出设计方案；没有设计方案的，不得施工。房屋建筑使用者在装修过程中，不得擅自变动房屋建筑主体和承重结构。

10. 建设单位收到建设工程竣工报告后，应当组织设计、施工、工程监理等有关单位进行竣工验收。

建设工程竣工验收应当具备下列条件。

（1）完成建设工程设计和合同约定的各项内容；

（2）有完整的技术档案和施工管理资料；

（3）有工程使用的主要建筑材料、建筑构配件和设备的进场试验报告；

（4）有勘察、设计、施工、工程监理等单位分别签署的质量合格文件；

（5）有施工单位签署的工程保修书。

建设工程经验收合格的，方可交付使用。

11. 建设单位应当严格按照国家有关档案管理的规定，及时收集、整理建设项目各环节的文件资料，建立、健全建设项目档案，并在建设工程竣工验收后，及时向建设行政主管部门或者其他有关部门移交建设项目档案。

二、勘察、设计单位的质量责任和义务

建筑工程的勘察、设计单位必须对其勘察、设计的质量负责。勘察、设计文件应当符合有关法律、行政法规的规定和建筑工程质量、安全标准、建筑工程勘察、设计技术规范以及合同的约定。

勘察、设计单位的质量责任和义务主要表现在以下几个方面。

1. 从事建设工程勘察、设计的单位应当依法取得相应等级的资质证书，并在其资质等级许可的范围内承揽工程。禁止勘察、设计单位超越其资质等级许可的范围或者以其他勘察、设计单位的名义承揽工程。禁止勘察、设计单位允许其他单位或者个人以本单位的名义承揽工程。勘察、设计单位不得转包或者违法分包所承揽的工程。

2. 勘察、设计单位必须按照工程建设强制性标准进行勘察、设计，并对其勘察、设计的质量负责。注册建筑师、注册结构工程师等注册执业人员应当在设计文件上签字，对设计文件负责。

3. 勘察单位提供的地质、测量、水文等勘察成果必须真实、准确。

4. 设计单位应当根据勘察成果文件进行建设工程设计。设计文件应当符合国家规定的设计深度要求，注明工程合理使用年限。

5. 设计单位在设计文件中选用的建筑材料、建筑构配件和设备，应当注明规格、型号、性能等技术指标，其质量要求必须符合国家规定的标准。除有特殊要求的建筑材料、专用设备、工艺生产线等外，设计单位不得指定生产厂、供应商。

6. 设计单位应当就审查合格的施工图设计文件向施工单位作出详细说明。

7. 设计单位应当参与建设工程质量事故分析，并对因设计造成的质量事故，提出相应的技术处理方案。

勘察、设计单位项目负责人应当保证勘察设计文件符合法律法规和工

程建设强制性标准的要求，对因勘察、设计导致的工程质量事故或质量问题承担责任。

三、施工单位的质量责任和义务

施工单位是工程建设的重要责任主体之一。在施工阶段，施工单位的质量责任制度十分重要。

施工单位的质量责任和义务主要表现在以下几个方面。

1. 施工单位应当依法取得相应等级的资质证书，并在其资质等级许可的范围内承揽工程。施工单位不得超越本单位资质等级许可的业务范围或者以其他施工单位的名义承揽工程。施工单位不得允许其他单位或者个人以本单位的名义承揽工程。施工单位不得转包或者违法分包工程。

2. 施工单位对建设工程的施工质量负责。施工单位应当建立质量责任制，确定工程项目的项目经理、技术负责人和施工管理负责人。建设工程实行总承包的，总承包单位应当对全部建设工程质量负责；建设工程勘察、设计、施工、设备采购的一项或者多项实行总承包的，总承包单位应当对其承包的建设工程或者采购设备的质量负责。

3. 总承包单位依法将建设工程分包给其他单位的，分包单位应当按照分包合同的约定对其分包工程的质量向总承包单位负责，总承包单位与分包单位对分包工程的质量承担连带责任。

4. 施工单位必须按照工程设计图纸和施工技术标准施工，不得擅自修改工程设计，不得偷工减料。施工单位在施工过程中发现设计文件和图纸有差错的，应当及时提出意见和建议。

5. 施工单位必须按照工程设计要求、施工技术标准和合同约定，对建筑材料、建筑构配件、设备和商品混凝土进行检验，检验应当有书面记录和专人签字；未经检验或者检验不合格的，不得使用。

6. 施工单位必须建立、健全施工质量的检验制度，严格工序管理，作好隐蔽工程的质量检查和记录。隐蔽工程在隐蔽前，施工单位应当通知建设单位和建设工程质量监督机构。

7. 施工人员对涉及结构安全的试块、试件以及有关材料，应当在建设单位或者工程监理单位监督下现场取样，并送具有相应资质等级的质量检测单位进行检测。

8. 施工单位对施工中出现质量问题的建设工程或者竣工验收不合格的建设工程，应当负责返修。

9. 施工单位应当建立、健全教育培训制度，加强对职工的教育培训；未经教育培训或者考核不合格的人员，不得上岗作业。

四、工程监理单位的质量责任和义务

工程监理单位接受建设单位的委托，对建设工程进行管理。因此，工程监理单位也是建设工程质量的责任主体之一。

工程监理单位的质量责任和义务主要表现在以下几个方面。

1. 工程监理单位应当依法取得相应等级的资质证书，并在其资质等级许可的范围内承担工程监理业务。工程监理单位不得超越本单位资质等级许可的范围或者以其他工程监理单位的名义承担工程监理业务；不得允许其他单位或者个人以本单位的名义承担工程监理业务；不得转让工程监理业务。

2. 工程监理单位与被监理工程的施工承包单位以及建筑材料、建筑构配件和设备供应单位有隶属关系或者其他利害关系的，不得承担该项建设工程的监理业务。

3. 工程监理单位应当依照法律、法规以及有关技术标准、设计文件和建设工程承包合同，代表建设单位对施工质量实施监理，并对施工质量承担监理责任。

4. 工程监理单位应当选派具备相应资格的总监理工程师和监理工程师进驻施工现场。未经监理工程师签字，建筑材料、建筑构配件和设备不得在工程上使用或者安装，施工单位不得进行下一道工序的施工。未经总监理工程师签字，建设单位不拨付工程款，不进行竣工验收。

5. 监理工程师应当按照工程监理规范的要求，采取旁站、巡视和平行检验等形式，对建设工程实施监理。

五、建设工程质量保修

建设工程实行质量保修制度。建设工程的保修期，自竣工验收合格之日起计算。建设工程承包单位在向建设单位提交工程竣工验收报告时，应当向建设单位出具质量保修书。质量保修书中应当明确建设工程的保修范围、保修期限和保修责任等。

在正常使用条件下，建设工程的最低保修期限为：

（1）基础设施工程、房屋建筑的地基基础工程和主体结构工程，为设计文件规定的该工程的合理使用年限；

（2）屋面防水工程、有防水要求的卫生间、房间和外墙面的防渗漏，为5年；

（3）供热与供冷系统，为2个采暖期、供冷期；

（4）电气管线、给排水管道、设备安装和装修工程，为2年。

其他项目的保修期限由发包方与承包方约定。

建设工程在保修范围和保修期限内发生质量问题的，施工单位应当履行保修义务，并对造成的损失承担赔偿责任。

建设工程在超过合理使用年限后需要继续使用的，产权所有人应当委托具有相应资质等级的勘察、设计单位鉴定，并根据鉴定结果采取加固、维修等措施，重新界定使用期。

六、建设工程质量的监督管理

中国实行建设工程质量监督管理制度。国务院建设行政主管部门对全国的建设工程质量实施统一监督管理。县级以上地方人民政府建设行政主管部门对本行政区域内的建设工程质量实施监督管理。

国家实行建设工程质量监督管理制度。国务院建设行政主管部门对全国的建设工程质量实施统一监督管理。国务院铁路、交通、水利等有关部门按照国务院规定的职责分工，负责对全国的有关专业建设工程质量的监督管理。县级以上地方人民政府建设行政主管部门对本行政区域内的建设工程质量实施监督管理。县级以上地方人民政府交通、水利等有关部门在各自的职责范围内，负责对本行政区域内的专业建设工程质量的监督管理。

国务院建设行政主管部门和国务院铁路、交通、水利等有关部门应当加强对有关建设工程质量的法律、法规和强制性标准执行情况的监督检查。

国务院发展计划部门按照国务院规定的职责，组织稽察特派员，对国家出资的重大建设项目实施监督检查。国务院经济贸易主管部门按照国务院规定的职责，对国家重大技术改造项目实施监督检查。

建设工程质量监督管理，可以由建设行政主管部门或者其他有关部门委托的建设工程质量监督机构具体实施。

从事房屋建筑工程和市政基础设施工程质量监督的机构，必须按照国家有关规定经国务院建设行政主管部门或者省、自治区、直辖市人民政府建设行政主管部门考核；从事专业建设工程质量监督的机构，必须按照国家有关规定经国务院有关部门或者省、自治区、直辖市人民政府有关部门考核。经考核合格后，方可实施质量监督。

县级以上地方人民政府建设行政主管部门和其他有关部门应当加强对有关建设工程质量的法律、法规和强制性标准执行情况的监督检查。

县级以上人民政府建设行政主管部门和其他有关部门履行监督检查职责时，有权采取下列措施：

(1) 要求被检查的单位提供有关工程质量的文件和资料；

(2) 进入被检查单位的施工现场进行检查；

(3) 发现有影响工程质量的问题时，责令改正。

建设单位应当自建设工程竣工验收合格之日起15日内，将建设工程竣工验收报告和规划、公安消防、环保等部门出具的认可文件或者准许使用文件报建设行政主管部门或者其他有关部门备案。

建设行政主管部门或者其他有关部门发现建设单位在竣工验收过程中有违反国家有关建设工程质量管理规定行为的，责令停止使用，重新组织竣工验收。

有关单位和个人对县级以上人民政府建设行政主管部门和其他有关部门进行的监督检查应当支持与配合，不得拒绝或者阻碍建设工程质量监督检查人员依法执行职务。

建设工程发生质量事故，有关单位应当在24小时内向当地建设行政主管部门和其他有关部门报告。对重大质量事故，事故发生地的建设行政主管部门和其他有关部门应当按照事故类别和等级向当地人民政府和上级建设行政主管部门和其他有关部门报告。特别重大质量事故的调查程序按照国务院有关规定办理。

任何单位和个人对建设工程的质量事故、质量缺陷都有权检举、控告、投诉。

供水、供电、供气、公安消防等部门或者单位不得明示或者暗示建设单位、施工单位购买其指定的生产供应单位的建筑材料、建筑构配件和设备。

七、建设工程质量的法律责任

根据《建设工程质量管理条例》的规定，有关单位、个人或部门违反该条例的，应当承担相应的法律责任。

（一）建设单位的法律责任

建设单位将建设工程发包给不具有相应资质等级的勘察、设计、施工单位或者委托给不具有相应资质等级的工程监理单位的，责令改正，处50万元以上100万元以下的罚款。

建设单位将建设工程肢解发包的，责令改正，处工程合同价款0.5%以上1%以下的罚款；对全部或者部分使用国有资金的项目，并可以暂停项目执行或者暂停资金拨付。

建设单位有下列行为之一的，责令改正，处20万元以上50万元以下的罚款：

（1）迫使承包方以低于成本的价格竞标的；

（2）任意压缩合理工期的；

（3）明示或者暗示设计单位或者施工单位违反工程建设强制性标准，降低工程质量的；

（4）施工图设计文件未经审查或者审查不合格，擅自施工的；

（5）建设项目必须实行工程监理而未实行工程监理的；

（6）未按照国家规定办理工程质量监督手续的；

（7）明示或者暗示施工单位使用不合格的建筑材料、建筑构配件和设备的；

（8）未按照国家规定将竣工验收报告、有关认可文件或者准许使用文件报送备案的。

建设单位未取得施工许可证或者开工报告未经批准，擅自施工的，责令停止施工，限期改正，处工程合同价款1%以上2%以下的罚款。

建设单位有下列行为之一的，责令改正，处工程合同价款2%以上4%以下的罚款；造成损失的，依法承担赔偿责任：

（1）未组织竣工验收，擅自交付使用的；

（2）验收不合格，擅自交付使用的；

（3）对不合格的建设工程按照合格工程验收的。

建设工程竣工验收后，建设单位未向建设行政主管部门或者其他有关部门移交建设项目档案的，责令改正，处1万元以上10万元以下的罚款。

（二）施工单位的法律责任

施工单位在施工中偷工减料的，使用不合格的建筑材料、建筑构配件和设备的，或者有不按照工程设计图纸或者施工技术标准施工的其他行为的，责令改正，处工程合同价款2%以上4%以下的罚款；造成建设工程质量不符合规定的质量标准的，负责返工、修理，并赔偿因此造成的损失；情节严重的，责令停业整顿、降低资质等级或者吊销资质证书。

施工单位未对建筑材料、建筑构配件、设备和商品混凝土进行检验，或者未对涉及结构安全的试块、试件以及有关材料取样检测的，责令改正，处10万元以上20万元以下的罚款；情节严重的，责令停业整顿，降低资质等级或者吊销资质证书；造成损失的，依法承担赔偿责任。

施工单位不履行保修义务或者拖延履行保修义务的，责令改正，处10万元以上20万元以下的罚款，并对在保修期内因质量缺陷造成的损失承担赔偿责任。

（三）工程监理单位的法律责任

工程监理单位有下列行为之一的，责令改正，处50万元以上100万元以下的罚款，降低资质等级或者吊销资质证书；有违法所得的，予以没收；造成损失的，承担连带赔偿责任：

一是与建设单位或者施工单位串通，弄虚作假、降低工程质量的；

二是将不合格的建设工程、建筑材料、建筑构配件和设备按照合格签字的。

工程监理单位与被监理工程的施工承包单位以及建筑材料、建筑构配件和设备供应单位有隶属关系或者其他利害关系承担该项建设工程的监理业务的，责令改正，处5万元以上10万元以下的罚款，降低资质等级或者吊销资质证书；有违法所得的，予以没收。

（四）超越单位资质等级承揽工程的法律责任

勘察、设计、施工、工程监理单位超越本单位资质等级承揽工程的，责令停止违法行为，对勘察、设计单位或者工程监理单位处合同约定的勘察费、设计费或者监理酬金1倍以上2倍以下的罚款；对施工单位处工程合同价款2%以上4%以下的罚款，可以责令停业整顿，降低资质等级；情节严重的，吊销资质证书；有违法所得的，予以没收。未取得资质证书承揽工程的，予以取缔，依照《建设工程质量管理条例》第60条第1款规定处以罚款；有违法所得的，予以没收。以欺骗手段取得资质证书承揽工程的，吊销资质证书，依照《建设工程质量管理条例》第60条第1款规定处以罚款；有违法所得的，予以没收。

（五）挂靠的法律责任

勘察、设计、施工、工程监理单位允许其他单位或者个人以本单位名义承揽工程即俗称挂靠的，责令改正，没收违法所得，对勘察、设计单位和工程监理单位处合同约定的勘察费、设计费和监理酬金1倍以上2倍以下的罚款；对施工单位处工程合同价款2%以上4%以下的罚款；可以责令停业整顿，降低资质等级；情节严重的，吊销资质证书。

（六）转包或者违法分包的法律责任

承包单位将承包的工程转包或者违法分包的，责令改正，没收违法所得，对勘察、设计单位处合同约定的勘察费、设计费25%以上50%以下的罚款；对施工单位处工程合同价款0.5%以上1%以下的罚款；可以责令停业整顿，降低资质等级；情节严重的，吊销资质证书。工程监理单位转让工程监理业务的，责令改正，没收违法所得，处合同约定的监理酬金25%以上50%以下的罚款；可以责令停业整顿，降低资质等级；情节严重的，吊销资质证书。

（七）其他法律责任

涉及建筑主体或者承重结构变动的装修工程，没有设计方案擅自施工的，责令改正，处50万元以上100万元以下的罚款；房屋建筑使用者在装修过程中擅自变动房屋建筑主体和承重结构的，责令改正，处5万元以上10万元以下的罚款。有上述行为，造成损失的，依法承担赔偿责任。

有下列行为之一的，责令改正，处10万元以上30万元以下的罚款：

一是勘察单位未按照工程建设强制性标准进行勘察的；

二是设计单位未根据勘察成果文件进行工程设计的；

三是设计单位指定建筑材料、建筑构配件的生产厂、供应商的；

四是设计单位未按照工程建设强制性标准进行设计的。

有上述行为，造成工程质量事故的，责令停业整顿、降低资质等级；情节严重的，吊销资质证书；造成损失的，依法承担赔偿责任。

发生重大工程质量事故隐瞒不报、谎报或者拖延报告期限的，对直接负责的主管人员和其他责任人员依法给予行政处分。

注册建筑师、注册结构工程师、监理工程师等注册执业人员因过错造成质量事故的，责令停止执业1年；造成重大质量事故的，吊销执业资格证书，5年以内不予注册；情节特别恶劣的，终身不予注册。

给予单位罚款处罚的，对单位直接负责的主管人员和其他直接责任人员处单位罚款数额5%以上10%以下的罚款。

建设单位、设计单位、施工单位、工程监理单位违反国家规定，降低工程质量标准，造成重大安全事故，构成犯罪的，对直接责任人员依法追究刑事责任。

国家机关工作人员在建设工程质量监督管理工作中玩忽职守、滥用职权、徇私舞弊，构成犯罪的，依法追究刑事责任；尚不构成犯罪的，依法给予行政处分。

【风险提示】

建设单位不得以任何理由，要求建筑设计单位或者建筑施工企业在工程设计或者施工作业中，违反法律、行政法规和建筑工程质量、安全标准，降低工程质量。

施工单位项目经理应当按照经审查合格的施工图设计文件和施工技术标准进行施工，对因施工导致的工程质量事故或质量问题承担责任。

如果监理单位不按照监理合同约定履行监理义务，给建设单位或其他单位造成损失的，应当承担相应的赔偿责任。如果监理单位违法监理，或者降低工程质量标准，造成质量事故的，要承担相应的法律责任。

建设、勘察、设计、施工、工程监理单位的工作人员因调动工作、退休等原因离开该单位后，被发现在该单位工作期间违反国家有关建设工程质量管理规定，造成重大工程质量事故的，仍应当依法追究法律责任。

【相关案例】

案例1　没有设计方案就擅自施工案

某工厂决定对2层砖混结构住宿楼进行局部拆除改建，并将拆改工程包给某工程队。该工程未经有资质的单位设计，也没有办理相关手续，就由工程队组织施工。结果施工过程中发生坍塌，施工人员被埋压。根据建筑法规定，涉及建筑主体和承重结构变动的装修工程，建设单位应当在施工前委托原设计单位或者具有相应资质条件的设计单位提出设计方案；没有设计方案的，不得施工。因此，建设单位未依法委托设计的行为违法。

案例2　未取得许可证擅自开工建设案

某工厂为了发展当地经济，决定在某镇投资建设分厂，该投资受到了当地镇政府的支持。经镇政府土地管理科批准，颁发了《建设工程用地许可证》和《建设工程用地规划许可证》。后县建设局发现了此项违规建设，责令立即停工并限期拆除非法建筑。本案中，该工厂未取得施工许可证，却擅自开工建设，属于违反施工许可法律规定的行为。

【法条指引】

中华人民共和国建筑法（节录）

第三十二条第一款　建筑工程监理应当依照法律、行政法规及有关的技术标准、设计文件和建筑工程承包合同，对承包单位在施工质量、建设工期和建设资金使用等方面，代表建设单位实施监督。

第五十六条　建筑工程的勘察、设计单位必须对其勘察、设计的质量负责。勘察、设计文件应当符合有关法律、行政法规的规定和建筑工程质量、安全标准、建筑工程勘察、设计技术规范以及合同的约定。设计文件选用的建筑材料、建筑构配件和设备，应当注明其规格、型号、性能等技术指标，其质量要求必须符合国家规定的标准。

建设工程质量管理条例（节录）

第七条　建设单位应当将工程发包给具有相应资质等级的单位。

建设单位不得将建设工程肢解发包。

第八条 建设单位应当依法对工程建设项目的勘察、设计、施工、监理以及与工程建设有关的重要设备、材料等的采购进行招标。

第二十六条 施工单位对建设工程的施工质量负责。

施工单位应当建立质量责任制，确定工程项目的项目经理、技术负责人和施工管理负责人。

建设工程实行总承包的，总承包单位应当对全部建设工程质量负责；建设工程勘察、设计、施工、设备采购的一项或者多项实行总承包的，总承包单位应当对其承包的建设工程或者采购的设备的质量负责。

第三十九条 建设工程实行质量保修制度。

建设工程承包单位在向建设单位提交工程竣工验收报告时，应当向建设单位出具质量保修书。质量保修书中应当明确建设工程的保修范围、保修期限和保修责任等。

第四十三条 国家实行建设工程质量监督管理制度。

国务院建设行政主管部门对全国的建设工程质量实施统一监督管理。国务院铁路、交通、水利等有关部门按照国务院规定的职责分工，负责对全国的有关专业建设工程质量的监督管理。

县级以上地方人民政府建设行政主管部门对本行政区域内的建设工程质量实施监督管理。县级以上地方人民政府交通、水利等有关部门在各自的职责范围内，负责对本行政区域内的专业建设工程质量的监督管理。

第五十四条 违反本条例规定，建设单位将建设工程发包给不具有相应资质等级的勘察、设计、施工单位或者委托给不具有相应资质等级的工程监理单位的，责令改正，处50万元以上100万元以下的罚款。

第五十五条 违反本条例规定，建设单位将建设工程肢解发包的，责令改正，处工程合同价款0.5%以上1%以下的罚款；对全部或者部分使用国有资金的项目，并可以暂停项目执行或者暂停资金拨付。

第七节　建设工程合同的工程价款

【规则要点】

建设工程合同价款的确定方式有：单价合同；总价合同；其他价格形式。一般来说，发生一定事由时，可以进行合同价款调整。发包人和承包人应当在合同中约定合同价款的调整方法。

建设工程验收合格的，发包人应当按照合同约定的时间、金额和支付条件支付工程价款。工程价款包括预付款、进度款、中间结算款、结算款等。

【理解与适用】

建设工程竣工后，发包人应当根据施工图纸及说明书、国家颁发的施工验收规范和质量检验标准及时进行验收。验收合格的，发包人应当按照合同约定的时间、金额和支付条件支付工程价款。这是发包人的主要合同义务，也是承包人的主要合同权利。

一、合同价款的确定

建设工程价款结算，是指对建设工程的发承包合同价款进行约定和依据合同约定进行工程预付款、工程进度款、工程竣工价款结算的活动。合同价款的确定由发承包双方约定，一般包括合同价款约定方式，预付工程款、工程进度款、工程竣工价款的支付和结算方式，以及合同价款的调整情形等。

建设工程价款结算是对建设工程的发承包合同价款进行约定和依据合同约定进行工程预付款、工程进度款、工程竣工价款结算。如果建设工程合同是通过招标方式签订的，则合同价款由发包人、承包人依据中标通知书中的中标价格在协议书内约定，如果不是，则招标工程的合同价款由发包人、承包人依据工程预算书在协议书内约定。合同价款的有关事项由发包人承包人双方约定，一般包括合同价款约定方式，预付工程款、工程进度款、工程竣工价款的支付和结算方式，以及合同价款的调整情形等。合同价款在合同中约定后，任何一方不得擅自改变。

中国《建设工程施工合同（示范文本）》（GF-2017-0201）中对合同价格形式作了规定。合同价款的确定方式有：单价合同；总价合同；其他价格形式。合同双方可约定采用其中一种方式。

中国《建设工程价款结算暂行办法》第 8 条规定，发、承包人在签订合同时对于工程价款的约定，可选用下列一种约定方式。

1. 固定总价

合同工期较短且工程合同总价较低的工程，可以采用固定总价合同方式。

2. 固定单价

双方在合同中约定综合单价包含的风险范围和风险费用的计算方法，在约定的风险范围内综合单价不再调整。风险范围以外的综合单价调整方法，应当在合同中约定。

3. 可调价格

可调价格包括可调综合单价和措施费等，双方应在合同中约定综合单价和措施费的调整方法。

从事工程价款结算活动，应当遵循合法、平等、诚信的原则，并符合国家有关法律、法规和政策。

二、合同价款的调整

发包人和承包人应当在合同中约定合同价款的调整方法。一般来说，发生下列情形时，可以进行合同价款调整：一是法律、法规、规章或者国家有关政策变化影响合同价款的；二是工程造价管理机构发布价格调整信息的；三是经批准变更设计的；四是发包方更改经审定批准的施工组织设计造成费用增加的；五是双方约定的其他因素。

（一）合同价款调整的原因

《建设工程施工合同（示范文本）》（GF-2017-0201）通用条款第 11 条针对合同价格调整作了规定，调整的原因主要有以下两个方面：一是市场价格波动引起的调整。二是法律变化引起的调整。

《建设工程价款结算暂行办法》第 8 条规定，合同价款调整因素包括：

1. 法律、行政法规和国家有关政策变化影响合同价款;

2. 工程造价管理机构的价格调整;

3. 经批准的设计变更;

4. 发包人更改经审定批准的施工组织设计（修正错误除外）造成费用增加;

5. 双方约定的其他因素。

（二）合同价款调整的方式

承包人应当在合同规定的调整情况发生后14日内，将调整原因、金额以书面形式通知发包人，发包人确认调整金额后将其作为追加合同价款，与工程进度款同期支付。发包人收到承包人通知后14日内不予确认也不提出修改意见，视为已经同意该项调整。当合同规定的调整合同价款的调整情况发生后，承包人未在规定时间内通知发包人，或者未在规定时间内提出调整报告，发包人可以根据有关资料，决定是否调整和调整的金额，并书面通知承包人。

（三）工程设计变更价款调整

1. 施工中发生工程变更，承包人按照经发包人认可的变更设计文件，进行变更施工，其中，政府投资项目重大变更，须按基本建设程序报批后方可施工。

2. 在工程设计变更确定后14日内，设计变更涉及工程价款调整的，由承包人向发包人提出，经发包人审核同意后调整合同价款。

变更合同价款按下列方法进行:

一是合同中已有适用于变更工程的价格，按合同已有的价格变更合同价款;

二是合同中只有类似于变更工程的价格，可以参照类似价格变更合同价款;

三是合同中没有适用或类似于变更工程的价格，由承包人或发包人提出适当的变更价格，经对方确认后执行。

如双方不能达成一致的，双方可提请工程所在地工程造价管理机构进行咨询或按合同约定的争议或纠纷解决程序办理。

3. 工程设计变更确定后14日内，如承包人未提出变更工程价款报告，则发包人可根据所掌握的资料决定是否调整合同价款和调整的具体金额。

重大工程变更涉及工程价款变更报告和确认的时限由发承包双方协商确定。收到变更工程价款报告一方，应在收到之日起14日内予以确认或提出协商意见，自变更工程价款报告送达之日起14日内，对方未确认也未提出协商意见时，视为变更工程价款报告已被确认。确认增（减）的工程变更价款作为追加（减）合同价款与工程进度款同期支付。

三、工程价款的支付和竣工结算

一般来说，工程价款包括预付款、进度款、中间结算款、结算款等，发包人应当按照合同约定或者法律规定向承包人支付工程款，承包人也有权向发包人主张应付工程款，发包人拒绝支付的，应承担违约责任。

（一）工程预付款结算

工程预付款结算应符合下列规定。

1. 包工包料工程的预付款按合同约定拨付，原则上预付比例不低于合同金额的10%，不高于合同金额的30%，对重大工程项目，按年度工程计划逐年预付。计价执行《建设工程工程量清单计价规范》（GB50500—2018）的流程，实体性消耗和非实体性消耗部分应在合同中分别约定预付款比例。

2. 在具备施工条件的前提下，发包人应在双方签订合同后的1个月内或不迟于约定的开工日期前的7日内预付工程款，发包人不按约定预付，承包人应在预付时间到期后10日内向发包人发出要求预付的通知，发包人收到通知后仍不按要求预付，承包人可在发出通知14日后停止施工，发包人应从约定应付之日起向承包人支付应付款的利息（利率按同期银行贷款利率计），并承担违约责任。

3. 预付的工程款必须在合同中约定抵扣方式，并在工程进度款中进行抵扣。

4. 凡是没有签订合同或不具备施工条件的工程，发包人不得预付工程款，不得以预付款为名转移资金。

（二）工程进度款结算与支付

1. 工程进度款结算方式

（1）按月结算与支付。

即实行按月支付进度款，竣工后清算的办法。合同工期在两个年度以上的工程，在年终进行工程盘点，办理年度结算。

（2）分段结算与支付。

即当年开工、当年不能竣工的工程按照工程实际进度，划分不同阶段支付工程进度款。具体划分在合同中明确。

2. 工程进度款支付

（1）根据确定的工程计量结果，承包人向发包人提出支付工程进度款申请，14 日内发包人应按不低于工程价款的 60%，不高于工程价款的 90% 向承包人支付工程进度款。按约定时间发包人应扣回的预付款，与工程进度款同期结算抵扣。

（2）发包人超过约定的支付时间不支付工程进度款，承包人应及时向发包人发出要求付款的通知，发包人收到承包人通知后仍不能按要求付款，可与承包人协商签订延期付款协议，经承包人同意后可延期支付，协议应明确延期支付的时间和从工程计量结果确认后第 15 日起计算应付款的利息（利率按同期银行贷款利率计）。

（3）发包人不按合同约定支付工程进度款，双方又未达成延期付款协议，导致施工无法进行，承包人可停止施工，由发包人承担违约责任。

（三）工程竣工结算

工程完工后，双方应按照约定的合同价款及合同价款调整内容以及索赔事项，进行工程竣工结算。工程竣工结算分为单位工程竣工结算、单项工程竣工结算和建设项目竣工总结算。

1. 工程竣工结算审查期限

单项工程竣工后，承包人应在提交竣工验收报告的同时，向发包人递交竣工结算报告及完整的结算资料，发包人应按以下规定时限进行核对（审查）并提出审查意见。

	工程竣工结算报告金额	审查时间
1	500 万元以下	从接到竣工结算报告和完整的竣工结算资料之日起 20 日
2	500 万元 ~ 2000 万元	从接到竣工结算报告和完整的竣工结算资料之日起 30 日
3	2000 万元 ~ 5000 万元	从接到竣工结算报告和完整的竣工结算资料之日起 45 日
4	5000 万元以上	从接到竣工结算报告和完整的竣工结算资料之日起 60 日

注：建设项目竣工总结算在最后一个单项工程竣工结算审查确认后 15 日内汇总，送发包人后 30 日内审查完成。

2. 工程竣工价款结算

发包人收到承包人递交的竣工结算报告及完整的结算资料后，应按有关规定的期限（合同约定有期限的，从其约定）进行核实，给予确认或者提出修改意见。发包人根据确认的竣工结算报告向承包人支付工程竣工结算价款，保留5%左右的质量保证（保修）金，待工程交付使用一年质保期到期后清算（合同另有约定的，从其约定），质保期内如有返修，发生费用应在质量保证（保修）金内扣除。

四、工程价款结算争议

1. 竣工验收是发包人的法定义务。承包人已经提交竣工验收报告，发包人拖延验收的，以承包人提交验收报告之日为竣工日期。发包人收到承包人竣工验收报告后，在合理期限内无正当理由不组织竣工验收的，不能以工程未验收合格为由，拒绝支付工程价款。

2. 发包人和承包人约定，发包人收到竣工结算文件后，在约定期限内不予答复，视为认可竣工结算文件的，按照约定处理。承包人可以请求按照竣工结算文件结算工程价款。

3. 工程竣工验收是发包人支付工程款的前提。(1) 建设工程经鉴定不合格并无法修复，发包人有权拒绝支付工程款，并要求承包人赔偿损失；建设工程可以修复，修复后经竣工验收不合格，承包人不得请求支付工程价款。(2) 建设工程可以修复，修复后经竣工验收合格的，发包人应支付工程款，有关的修复费用应由承包人承担负担。(3) 发包人已组织验收并在相关文件上签字确认验收合格，后又以工程质量存在瑕疵为由，拒绝支付或要求延期支付工程价款的，该主张不能成立。但确因承包人施工导致地基基础工程、工程主体结构质量不合格的，发包人仍可以拒绝支付或要求延期支付工程价款。

4. 建设工程未经竣工验收，发包人擅自使用后，不得以使用部分质量不符合约定为由主张权利；但是承包人应当在建设工程的合理使用寿命内对地基基础工程和主体结构质量承担民事责任。

5. 工程合同无效，但工程经竣工验收合格的，应当参照合同约定确定工程价款。

【风险提示】

发包人与承包人对合同价款调整的不同意见不能达成一致的，只要对发承包双方履约不产生实质影响，双方应继续履行合同义务，直到其按照合同约定的争议解决方式得到处理。

建设工程施工合同无效，但建设工程经竣工验收合格，承包人向法院起诉参照合同约定支付工程价款的，法院会予以支持。

【相关案例】

以显失公平为由主张修改施工协议案

石某承包某公司的工程后，签订了《施工协议》，协议书中明确约定了双方的承包方式、工程执行条款和结算条款等。工程施工完毕后，交付某公司使用，双方按照合同约定进行了结算。但石某认为协议书中约定的承包方式显失公平，合同价与实际成本价差额为100万元，诉至法院要求判令某公司支付上述差额。法院经审理认为，石某作为完全民事行为能力人，具有对合同内容审慎审查的义务，石某的该主张不能成立，不应支持。判决驳回石某的诉讼请求。

【法条指引】

中华人民共和国合同法（节录）

第二百七十九条 建设工程竣工后，发包人应当根据施工图纸及说明书、国家颁发的施工验收规范和质量检验标准及时进行验收。验收合格的，发包人应当按照约定支付价款，并接收该建设工程。

建设工程竣工经验收合格后，方可交付使用；未经验收或者验收不合格的，不得交付使用。

第二百八十六条 发包人未按照约定支付价款的，承包人可以催告发包人在合理期限内支付价款。发包人逾期不支付的，除按照建设工程的性质不宜折价、拍卖的以外，承包人可以与发包人协议将该工程折价，也可以申请人民法院将该工程依法拍卖。建设工程的价款就该工程折价或者拍卖的价款优先受偿。

建设工程价款结算暂行办法（节录）

第六条 招标工程的合同价款应当在规定时间内，依据招标文件、中标人的投标文件，由发包人与承包人（以下简称“发、承包人”）订立书面合同约定。

非招标工程的合同价款依据审定的工程预（概）算书由发、承包人在合同中约定。

合同价款在合同中约定后，任何一方不得擅自改变。

第七条 发包人、承包人应当在合同条款中对涉及工程价款结算的下列事项进行约定：

（一）预付工程款的数额、支付时限及抵扣方式；

（二）工程进度款的支付方式、数额及时限；

（三）工程施工中发生变更时，工程价款的调整方法、索赔方式、时限要求及金额支付方式；

（四）发生工程价款纠纷的解决方法；

（五）约定承担风险的范围及幅度以及超出约定范围和幅度的调整办法；

（六）工程竣工价款的结算与支付方式、数额及时限；

（七）工程质量保证（保修）金的数额、预扣方式及时限；

（八）安全措施和意外伤害保险费用；

（九）工期及工期提前或延后的奖惩办法；

（十）与履行合同、支付价款相关的担保事项。

第八节 建设工程合同的工程期限

【规则要点】

工期是指在合同协议书约定的承包人完成工程所需的期限。开工日期包括计划开工日期和实际开工日期。

通常建设工程工期较长，技术性强，很多情况是签订合同时无法预料的，因此，建设工程合同中大多约定暂停施工条款。

建设工程施工合同履行过程中，发生了按照合同约定不应该由承包人承担责任的工期延误，约定工期可以相应顺延。

【理解与适用】

一、工期

工程期限，也就是工期，是建设工程施工合同的实质性条款。工期是指在合同协议书约定的承包人完成工程所需的期限，包括按照合同约定所作的期限变更。

开工日期包括计划开工日期和实际开工日期。计划开工日期是指合同协议书约定的开工日期；实际开工日期是指监理人按照该通用条款（开工通知）约定发出的符合法律规定的开工通知中载明的开工日期。

竣工日期包括计划竣工日期和实际竣工日期。计划竣工日期是指合同协议书约定的竣工日期；实际竣工日期按照该通用条款（竣工日期）的约定确定。

缺陷责任期是指承包人按照合同约定承担缺陷修复义务，且发包人预留质量保证金的期限，自工程实际竣工日期起计算。

保修期是指承包人按照合同约定对工程承担保修责任的期限，从工程竣工验收合格之日起计算。

二、暂停施工

通常建设工程工期较长、技术性强，很多情况是签订合同时无法预料的，因此，合同中大多约定暂停施工条款。《建设工程施工合同示范文本》（GF 2017-0201）第7.8条明确了暂停施工。

（一）发包人原因引起的暂停施工

因发包人原因引起暂停施工的，监理人经发包人同意后，应及时下达暂停施工指示。情况紧急且监理人未及时下达暂停施工指示的，按照紧急情况下的暂停施工执行。

因发包人原因引起的暂停施工，发包人应承担由此增加的费用和（或）延误的工期，并支付承包人合理的利润。

（二）承包人原因引起的暂停施工

因承包人原因引起的暂停施工，承包人应承担由此增加的费用和（或）延误的工期。

（三）指示暂停施工

监理人认为有必要时，并经发包人批准后，可向承包人作出暂停施工的指示，承包人应按监理人指示暂停施工。

（四）紧急情况下的暂停施工

因紧急情况需要暂停施工，且监理人未及时下达暂停施工指示的，承包人可先暂停施工，并及时通知监理人。监理人应在接到通知后24小时内发出指示，逾期未发出指示，视为同意承包人暂停施工。监理人不同意承包人暂停施工的，应说明理由。

（五）暂停施工后的复工

暂停施工后，发包人和承包人应采取有效措施积极消除暂停施工的影响。在工程复工前，监理人会同发包人和承包人确定因暂停施工造成的损失，并确定工程复工条件。当工程具备复工条件时，监理人应经发包人批准后向承包人发出复工通知，承包人应按照复工通知要求复工。

三、工期顺延

建设工程施工合同履行过程中，发生了按照合同约定不应该由承包人承担责任的工期延误，经承包人提出申请，发包人同意或者经仲裁机构、人民法院认定，使得合同约定工期相应顺延。发包人同意工期顺延的，承包人无须承担工期违约责任，因该事件引起的承包人停工、窝工等损失，发包人可能需要承担赔偿责任。

合同法第278条规定，隐蔽工程在隐蔽以前，承包人应当通知发包人检查。发包人没有及时检查的，承包人可以顺延工程日期，并有权要求赔偿停工、窝工等损失。

《最高人民法院关于审理建设工程施工合同纠纷案件适用法律问题的解释》第15条规定，建设工程竣工前，当事人对工程质量发生争议，工程质量经鉴定合格的，鉴定期间为顺延工期期间。

《建设工程施工合同示范文本》（GF 2017-0201）里关于工期顺延的情形主要有以下几个方面。

1. 监理人不能按时参加试车，应在试车前 24 小时以书面形式向承包人提出延期要求，但延期不能超过 48 小时，由此导致工期延误的，工期应予以顺延。

2. 因设计原因导致试车达不到验收要求，发包人应要求设计人修改设计，承包人按修改后的设计重新安装。发包人承担修改设计、拆除及重新安装的全部费用，工期相应顺延。

3. 因不可抗力影响承包人履行合同约定的义务，已经引起或将引起工期延误的，应当顺延工期，由此导致承包人停工的费用损失由发包人和承包人合理分担，停工期间必须支付的工人工资由发包人承担。

4. 除专用合同条款另有约定外，监理人不能按时进行检查的，应在检查前 24 小时向承包人提交书面延期要求，但延期不能超过 48 小时，由此导致工期延误的，工期应予以顺延。

5. 因发包人原因未按计划开工日期开工的，发包人应按实际开工日期顺延竣工日期，确保实际工期不低于合同约定的工期总日历天数。

6. 基准日期后，法律变化导致承包人在合同履行过程中所需要的费用发生除市场价格波动引起的调整约定以外的增加时，由发包人承担由此增加的费用；减少时，应从合同价格中予以扣减。基准日期后，因法律变化造成工期延误时，工期应予以顺延。

承包人在工期可以顺延的情况发生后 14 日内，就延误的工期以书面形式向工程师提出报告。工程师在收到报告后 14 日内予以确认，逾期不予确认也不提出修改意见，视为同意顺延工期。

【风险提示】

工期一旦确立之后，除非发生了合同法规定的法定情形，如欺诈，胁迫、无效等情况，工期一般是不会发生变化，否则便要承担违约的责任。

暂停施工期间，发包人和承包人均应采取必要的措施确保工程质量及安全，防止因暂停施工扩大损失。

【相关案例】

案例1　因故中止施工案

某房地产公司要开发建设某写字楼项目，按期开工后因故中止，半年后拟恢复施工。根据建筑法第10条规定，在建的建筑工程因故中止施工的，建设单位应当自中止施工之日起1个月内，向发证机关报告，并按照规定做好建筑工程的维护管理工作。据此，该房地产公司向发证机关报告。建筑工程恢复施工时，应当向发证机关报告；中止施工满一年的工程恢复施工前，建设单位应当报发证机关核验施工许可证。因此，公司恢复施工后，应当报发证机关核验施工许可证。

案例2　因未能按期交付图纸致使工期延长案

A公司与B公司签订了《建筑工程施工合同》。施工过程中，A公司未能按期交付图纸，致使工期有所拖延。对于工期的延误，B公司不应当承担违约责任。

【法条指引】

中华人民共和国建筑法（节录）

第十条　在建的建筑工程因故中止施工的，建设单位应当自中止施工之日起一个月内，向发证机关报告，并按照规定做好建筑工程的维护管理工作。

建筑工程恢复施工时，应当向发证机关报告；中止施工满一年的工程恢复施工前，建设单位应当报发证机关核验施工许可证。

中华人民共和国合同法（节录）

第二百七十八条　隐蔽工程在隐蔽以前，承包人应当通知发包人检查。发包人没有及时检查的，承包人可以顺延工程日期，并有权要求赔偿停工、窝工等损失。

建设工程质量管理条例（节录）

第十条第一款 建设工程发包单位，不得迫使承包方以低于成本的价格竞标，不得任意压缩合理工期。